大学生のための
リサーチリテラシー入門
研究のための8つの力

山田剛史/林 創 著

ミネルヴァ書房

はじめに

本書の目的，対象となる読者像

　本書『大学生のためのリサーチリテラシー入門―研究のための8つの力』は，これから卒業論文をはじめとする本格的なレポートや論文に取り組もうとする人に，研究を遂行するために身につけておくべき基礎能力を紹介するものです。卒論や修論を書き始める前に，こういったことを身につけておいてもらいたいと思うトピックを8つの力（聞く力，課題発見力，情報収集力，情報整理力，読む力，書く力，データ分析力，プレゼンテーション力）に分け，8つの章でそれぞれを解説します。

　8つの力は，大きくインプットの部分とアウトプットの部分に分かれます（図1参照）。まず，全ての基礎となるのが，「聞く力」です。そして，自分なりの疑問を見つける「課題発見力」が続きます。「情報収集力」「情報整理力」「読む力」「データ分析力」の4つは，自分の疑問を解決するためのプロセスです。これらがインプットにあたります（聞く力もインプットに入れてもよいかもしれませんが，ひとまずこの4つをインプットとしておきます）。そして，インプットで得たものをまとめて表現するのが，アウトプットに位置づけられる，「書く力」「プレゼンテーション力」です。見方によっては，「データ分析力」もアウトプットに入れてもよいかもしれません。

　本書のタイトルを見て，「リサーチリテラシーって何？」と思われた方も多いでしょう。リサーチリテラシー（research literacy）と

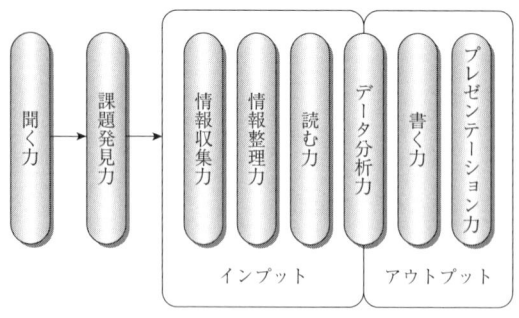

図1　8つの力の関係

いう言葉はそれほど一般的な言葉ではないかもしれませんが，谷岡一郎氏が著書で取り上げています。谷岡（2007）はとくに社会調査の文脈での言葉として，リサーチリテラシーのことを「事実や数字を正しく読むための能力」と述べています。しかし，本書ではもう少し広く，リサーチリテラシーを「研究（リサーチ）を遂行するために必要な基礎的能力」ととらえることにします。谷岡氏の考えるリサーチリテラシーにもっとも近い能力は，本書でいえば，7章で扱う「データ分析力」の内容といえるでしょう。また，本書の直接の目的とは少しずれますが，本書を通じて，「研究とは何か」，「研究手法を学ぶことが，社会に出たときにどう役立つか」などにも言及していきたいと思っています。

類書と比較しての本書の特徴

　本屋に行くと，「大学での学び方」「研究の方法」「卒論の書き方」といった本がたくさん見つかります。そういった多数存在する類書と比べて，本書のオリジナリティはどこにあるのでしょうか。

はじめに

ここでは，筆者らが良書であると考える 2 冊の本を紹介し，それらとの比較で本書の立場を述べることにします。

　　藤田哲也（編著）(2006)．大学基礎講座［改増版］　北大路書房
　　溝上慎一（2006）．大学生の学び・入門　有斐閣アルマ

　この 2 冊はどちらもとてもよい本であり，一読を勧めます。本書の執筆に際しても参考にさせていただきました。これらと比較すると，本書は対象となる読者と内容が異なっています。

　『大学基礎講座』は初年次（学部 1 年生）教育向けの本として完成度の高い本であり，記述も懇切丁寧で具体的です。しかし，我々が考える読者（ゼミや研究室での活動が始まり，本格的に研究を学び始める学部 2 ～ 3 年生くらいの学生）にはちょっと内容が易しいと思います。本書は，『大学基礎講座』よりも上のレベルの内容を取り上げたいと思っています。そして，読者が自分で考える余地が残るように，マニュアル的すぎないようにしたいとも思っています。

　『大学生の学び・入門』は，読んだ後で，大学での勉強へのモチベーションを高めてくれる良書です。大学での学びのあり方や心構えに重きを置いて書かれた本であるため，記述がやや抽象的で難しいと思います。本書は，『大学生の学び・入門』よりは具体的で易しめの内容を狙っています。以上，2 冊と本書の比較を図示すると以下のようになります。

　　抽象的・やや難しい……溝上（2006）．大学生の学び・入門
　　　　　↕
　　　　本書のポジション
　　　　　↕
　　具体的・やや易しい……藤田（2006）．大学基礎講座［改増版］

iii

この他「レポートの書き方」「卒業論文の書き方」といった本もありますが，その多くは，ある学問領域に限定されていたり，あるいは，まさに目の前に卒論を抱えた大学4年生向けの本だったりします。本書はその前の，研究や卒論を意識しはじめる大学2～3年生くらいの学生が読む本にしたいと思っています。また，筆者らの専門は教育心理学ですが，心理学に限らず，さまざまな学問領域の大学生に読んでもらいたいと思っています。

複眼的なとらえ方

　本書のセールスポイントとしたいのが，「複眼的なとらえ方」です。これは苅谷（1996）の『知的複眼思考法』から引用した言葉です。ステレオタイプ（決まり切ったものの見方）にとらわれてしまう，あるいは，常識にどっぷりつかったものの見方・考え方（苅谷（1996）は，これを単眼思考と呼びます）をせずに，複数の視点で物事を見てみる。そんな，少し角度を変えて物事を眺めてみることの重要性を本書でも伝えていけたらと思っています。

　芥川龍之介の小説『藪の中』がもとになった黒澤明監督の『羅生門』という作品があります。この作品では，複数の人が同じ事件を目撃します。しかし，人によって目撃証言はバラバラでした。このように，人によって見方はさまざまということは普段の生活でもよくあることでしょう。そうしたさまざまな見方を自分1人でもできるようになると，きっと視野が広がるはずです。そのような柔軟な思考ができるようになることを本書のもう1つの目標にしたいと思っています。

　さまざまな見方ができるということは，「自分を客観視できるこ

と」「自分が周りからどう見えているかを理解していて，適切な対応ができること」にもつながります。「空気を読める能力」と通じる部分もあります。

これらに関連するキーワードとして，「メタ認知」「クリティカルシンキング」「心の理論」の3つを取り上げます。これらについての詳しい説明は0章を読んでいただくとして，本書のあちらこちらでこれらのキーワードを取り上げながら，論を展開していきます。

本書の使い方

本書は，これから本格的な研究を始める人のために，研究をするために必要な基礎能力を紹介するものです。ただし，本書はいわゆる「How To 本」「クックブック」（料理のレシピのような，マニュアル本）ではありません。本書に書かれている通りにやったら卒論が出来上がるわけではありません。一方で，「あるべき」論をとうとうと述べるような観念的な，抽象的な本でもありません。それよりは，もう少し具体性を持った本になっていると思います。

読者には，本書で紹介する内容を1つのモデルケースとしてとらえ，読者それぞれのケースに置き換えて，本書の内容を活用してもらえたらと思います。つまり，本書の内容をそのままなぞるのではなく，読んだ後にじっくりと考えてもらいたいのです。まずは，本書の内容をうのみにせず，じっくり考えてみる，その上で自分に合うと思うものは取り入れればいいし，合わないと思うものは無理にその通りにする必要はありません。人それぞれ違うのだから，万人に合う方法は存在しません。本書は筆者らがよいと思う方法を紹介しているのであって，これが最大公約数的なものだったり，普遍的

なものであったりするとは筆者ら自身も思っていません。

　なお，前にも書いたように，本書は基本的には，これから本格的に研究に取り組もうとする大学2～3年生くらいの学生（場合によっては修士1年生も）に最も焦点が合わせられています。というのは，初年次（1年生向け）や卒論（4年生向け）の本は数多く出版されていますが，このあたりの学年を主たる対象にした類書はほとんどないからです。初年次から卒論の本に移ると，いきなり高度な内容になって，どう勉強（研究）すればよいかわからず，学生は戸惑ってしまうということを耳にします。そこで，本書は，そのようなギャップを埋める橋渡しとなり，スムーズに研究の基礎に入っていけることを目指して，まとめられました。しかし，大学1年生が読んでわかりにくいということの無いように平易な記述を心がけました。大学1年生のうちから本書の内容を意識して勉強すればかなり充実した大学生活が過ごせると思います。ですので，大学1年生にもぜひ読んでほしいと思っています。また，卒業論文を控えた大学4年生や，修士論文に取り組もうとしている修士2年生にも，ぜひ読んでもらいたいと思います。本書を読むことで新しい気づきがあり，研究の展開や論文執筆に役立つことでしょう。

　また，本書では，ところどころに息抜きのコラムを設けています。コラムでは，筆者らが大学教員として過ごす中で日々感じていることや，授業で学生と接する中で実際に体験したエピソードなどを紹介します。授業をしていて気づくこと，学生に伝えたいことも書いてみようと思っています。コラムを読むことで，読者の皆さんが「大学の先生も自分たちと変わらないんだな」と思ってもらえたら嬉しいです。

さらに，各章の冒頭と章末に，その章の内容に関する2人の女子大生（よしことまゆみ）のエピソードを載せています。2人のストーリーとともに本書は展開していきます。

本書の概要紹介

最後に，この本の各章の内容を簡単に紹介しておきます。

1章「聞く力」：講義の聞き方，それに付随する内容であるノートの取り方，そして，教員との付き合い方を取り上げます。

2章「課題発見力」：自分で課題を発見するというのは，大学生のもっとも苦手とする部分の1つです。2章では，心理学など具体的なものを題材に課題発見の方法や研究の問いの立て方を解説します。

3章「情報収集力」：文献検索と収集の方法，図書館の使い方，インターネットの使い方を紹介します。

4章「情報整理力」：書類の整理のコツやパソコンを使った情報の管理のヒントについて紹介します。

5章「読む力（読解力）」：学術的文章の読み方を，段階を踏んで紹介します。

6章「書く力（執筆力）」：レポートや論文の書き方について。問題提起と結論，そして結論を支える理由といった学術的文章の構造を意識しながら書くなど，重要点を強調しながら説明します。

7章「データ分析力」：データを分析して解釈する手続きを紹介します。データに騙されないための方法について述べます。

8章「プレゼンテーション力」：自分の考え，意見を人にわかりやすく伝えるための方法を紹介します。

　以上のような内容です。本書を読み終えた人が,「なぜ,山田と林がこの本を書こうと思ったのか」納得できるようなものになればよいなと思っています。筆者らは心理学領域の研究・教育を行っているので,説明のところどころに心理学の知見や成果を取り入れます。その理由は,心理学の知見や成果が,大学での学習や研究のた

めの基礎力をつけるために，効果があると思うからです。ただし，心理学領域以外の人にも読んでもらいたいので，あまり過度にならないようにさらっと盛り込む程度にしようと思います。また，巻末ではブックガイドを用意し，本書に関連する参考文献を紹介しています。本書だけですべてに対応するのは無理なので，参考文献にあげた本を読むことで，本書の足りない部分を補ってもらえたらと思います。

引用文献

藤田哲也（編著）（2006）．大学基礎講座　改増版　北大路書房
苅谷剛彦（1996）．知的複眼思考法　講談社
溝上慎一（2006）．大学生の学び・入門―大学での勉強は役に立つ！　有斐閣アルマ
谷岡一郎（2007）．データはウソをつく―科学的な社会調査の方法　ちくまプリマー新書

目　　次

はじめに

本書の目的，対象となる読者像／類書と比較しての本書の特徴／複眼的なとらえ方／本書の使い方／本書の概要紹介

0章　本書の3つのキーワードと学士力 …………………… 1
メタ認知／クリティカルシンキング／心の理論／3つのキーワードの関係／学士力（ジェネリックスキル）

1章　聞く力 ……………………………………………… 13

1.1　話を聞くこと ……………………………………… 15
講義で話を聞く／レベル0：マナーを守って聞く／レベル1：傾聴する／レベル2：他の人に後で伝えられるように聞く／レベル3：批判的に聞く

1.2　ノートの取り方 …………………………………… 22
何のためにノートを取るのか／ノートを取ることの利点／ノートの取り方の一例

1.3　大学教員とのコミュニケーション …………… 28
質問の仕方／研究室を訪ねるとき／メールで連絡を取る場合／大学の教員も人間です

コラム　1限は眠い，3限も眠い　25
コラム　携帯にかんするマナー　39

2章　課題発見力 ………………………………………… 41

2.1　自分でテーマ（課題）を見つけるということ ……… 42

2.2　テーマの決め方 …………………………………… 44
テーマを探すには／テーマを深めるためには／先行研究を読

む／追試も立派な研究／テーマを深めるためのアクション／
　　　卒論のテーマの決め方（実際の卒論生をモデルにして）

　コラム　テーマのよしあしについて　54
　コラム　大学院生の研究テーマの決め方　58

3章　情報収集力 ··65

3.1　情報収集力とは何か？ ··66

3.2　情報収集の基本 ··66

3.3　インターネットを使った情報収集 ······························68
　　情報収集力をアップさせる方法／辞書機能を使う／検索サイトを使う

3.4　文献検索と収集の方法 ···78
　　現物からあたる方法／書誌情報のデータベースを使う／その他の役立つ方法

3.5　図書館の使い方 ···85
　　図書館利用のポイント／図書館での蔵書検索

3.6　文献に関する感覚を磨こう ·····································87

　コラム　新聞に注意しよう　69

4章　情報整理力 ··91

4.1　整理の原則は簡潔に ··92

4.2　研究関連の情報整理 ··95
　　情報管理／パソコンでの情報整理／パソコンでの情報管理の注意点

4.3　自分に合う方法を探求する ···································102

　コラム　クラウド・コンピューティングの時代　100
　コラム　文献管理について　103

5章　読む力（読解力） ……… 107

- 5.1　学術的文章とクリティカルシンキング ……… 108
- 5.2　文献の概要の把握 ……… 109
- 5.3　クリティカルシンキングによる精読 ……… 110
  第1段階：議論の骨格を明確にする／第2段階：情報をはっきりさせる／第3段階：議論を評価する
- 5.4　その他の読み方のヒント ……… 127
- 5.5　知識が増える喜びを知る ……… 129

コラム　クリティカルシンキングを働かせた読み方　126
コラム　本に対する書き込み　128

6章　書く力（執筆力） ……… 133

- 6.1　大学で求められるレポートや論文とは？ ……… 134
- 6.2　よいレポートとよくないレポート ……… 135
- 6.3　「読む」と「書く」は表裏の関係 ……… 139
  第1段階：議論の骨格を明確にする／第2段階：情報をはっきりさせる／第3段階：議論を評価する
- 6.4　約束事を守る ……… 147
  書式の確認／図表の作成／引用の記述
- 6.5　執筆の進め方 ……… 159
  学術的文章を書くステップ／長い文章の場合の書き進め方
- 6.6　文章技術の向上 ……… 166
  辞書を引く手間を惜しまない／検索エンジンを表現辞典として使う／熟成期間を設ける
- 6.7　レポートや論文がうまく書けるようになるために ……… 169

コラム　引用文献リストをおろそかにしない　153

コラム　推理小説との類似性:「伏線」を張った書き方をしよう　171

7章　データ分析力 …………………………………175

7.1　リサーチリテラシーとしての統計…………………177
7.2　統計を使った嘘………………………………178
見せ方による嘘／データ選択の嘘／データ収集の嘘
7.3　標本調査における結果のバラツキ:標本誤差………184
7.4　クリティカルシンキングの必要性………………186
ステレオタイプ的思考の危険性／クリティカルシンキングの方法／クリティカルシンキングを学ぼう／クリティカルシンキングの練習問題
7.5　統計的仮説検定の考え方 …………………………198
有意差ばかりに気をとられてはいけない
7.6　卒論の前にやっておくべきこと（統計学を学ぶ）…204
コラム　データマイニング:これからのデータ分析　205

8章　プレゼンテーション力 ……………………213

8.1　プレゼンは苦手……と思う前に……………………215
8.2　聞き手を意識してプレゼンしよう …………………217
8.3　よいプレゼンとは ……………………………………219
8.4　プレゼンテーションソフトの利用 …………………224
よくないスライド／わかりやすいスライド
8.5　プレゼンのコツ ………………………………………229
カウンセリングの考え方／講義のコツ
8.6　プレゼンのための勉強 ………………………………234
コラム　プレゼンはペンを持ちながら　236
コラム　質問がたくさん出るプレゼン　237

おわりに　ステップアップのために　読書ガイド
あとがき
索　引

　　　　　　　　　　　　　　　　　　本文イラスト　間野未紗紀

0章　本書の3つのキーワードと学士力

　0章ではまず、**本書を通して鍵となる3つのキーワード「メタ認知」「クリティカルシンキング」「心の理論」**を説明します。

　この3つのキーワードは、いずれも心理学でよく知られ、盛んに研究されています。「何だか難しそうな言葉だな」と感じる方もいるかもしれませんが、そういったみなさんにもぜひ知っていただきたいのです。なぜなら、筆者らは、これらの3つのキーワードが、**これからますます重要になり、「リサーチリテラシー（研究のための基礎力）」を身につける上で必ず役立つ**と考えているからです。そして、この3つのキーワードを知ることで、ちょっと大げさにいえば、「世の中の見え方」が変わるとさえ思うからなのです。[1]

　本書のさまざまなところで、この3つのキーワードを使った説明がなされますが、そのたびに参照していただきやすいように、0章でまとめて説明しておくことにします。ですので、以下の内容が少し難しく感じる場合は、本章を飛ばして、1章以降を読み進めながら、適宜、本章を参照してもらえたらと思います。

（1）　実際に最近では、著名な方々の一般書や新書でも頻繁に取り上げられる重要なキーワードとなっています（たとえば、「メタ認知」は勝間（2008）、「クリティカルシンキング（批判的思考）」は齋藤（2009）、「心の理論」は茂木（2010）など多数が挙げられます）。

メタ認知

みなさんは,「メタ認知」を知っていますか。「『メタ認知』って初めて聞いたぞ」とか「『メタ認知』という言葉は聞いたことがあるけど,何のことかわからないわ」と感じたとすれば,まさにそれがメタ認知なのです。見たり聞いたり（知覚）,覚えていたり忘れていたり（記憶）,考えたり（思考）するような心の働きを「認知」と言いますが,**そのような働き自体を上から眺めて理解するような心の働きを,心理学では「メタ認知」と呼びます**（図0-1）。

メタ認知は,2つにわけることができます。ちょっと難しく感じるかもしれませんが,2つの区別を頭の片隅にでも置いてもらえると,さらに理解が深まるので,説明を続けます。

上で述べたように,自分の記憶や忘却に気づいたり,自分の考えの矛盾に気づくといった活動は,**自分の認知状態に気づき（モニタリング）,目標を設定したり修正する（コントロール）もので,「メタ認知的活動」と呼ばれます**。

メタ認知はメタ認知的活動だけではありません。私たちは,認知についていろいろなことを知っています。たとえば,「私は記憶力が良い」「私は5つぐらいのことなら長時間覚えておける」といった自分自身の認知についての知識や,「具体例があると,難しいことでも理解しやすくなる」「（自分で書いた文章を）プリントアウトすると,誤字脱字に気づきやすい」といった認知の一般的な傾向についての知識がそれです。このような,**人間（自分や人間一般）の認知の特徴についての知識を「メタ認知的知識」と呼びます**。

メタ認知というとメタ認知的活動の方だけ紹介されることが多いですが,メタ認知的知識も重要です。「具体例があると,難しいこ

0章　本書の3つのキーワードと学士力

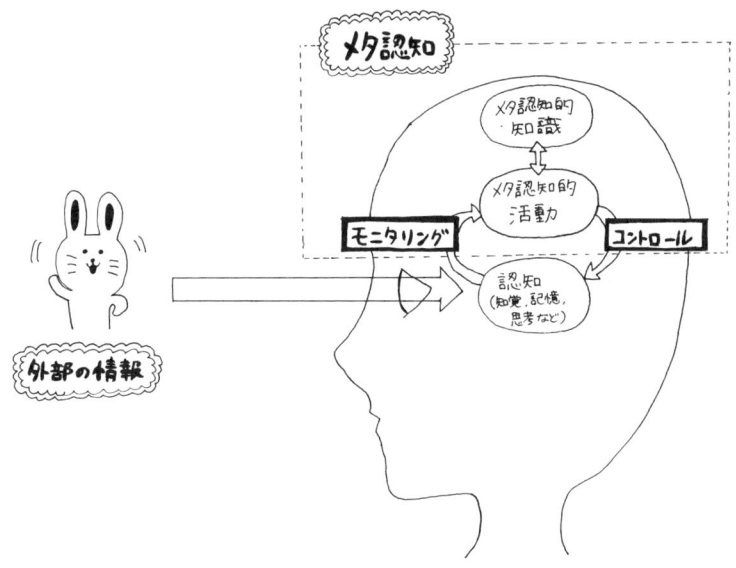

図0-1　メタ認知（三宮，2008を参考に作成）

　ある授業で，先生が前回の復習として「メタ認知」の説明をしている場面を考えてみましょう。もし，あなたが「『メタ認知』という言葉を忘れていた」ことに気づいたとしたら，それがメタ認知的活動になります。また，その際に「人間の記憶って忘れやすいんだな」という認知の一般的傾向の知識が思い浮かんだり，新たに持ったとしたら，それがメタ認知的知識になるのです。

とでも理解しやすくなる」というメタ認知的知識を持っている人は，そうでない人に比べて，的確に具体例を入れた読みやすいレポートや論文を書けますし，「プリントアウトすると，誤字脱字に気づきやすい」というメタ認知的知識を持っている人は，そうでない人に比べて，プリントアウトして自分の書いた文章を確認するので，誤字脱字の少ないレポートや論文を仕上げるでしょう。

　また，せっかく「具体例があると，難しいことでも理解しやすく

3

表 0-1　メタ認知の分類（三宮，2008を参考に単純化した）

メタ認知的活動	モニタリング： 　認知状態についての気づき，確認，評価（「私は今，先生の話をすべては理解できていない」）など
	コントロール： 　認知の目標の設定や修正（「話の要点だけ聞き逃さないようにしよう」）など
メタ認知的知識	自分自身の認知についての知識： 　「私は記憶力が良い」，「私は5つぐらいのことなら長時間覚えておける」など
	人間一般の認知の特徴についての知識： 　「具体例があると，難しいことでも理解しやすくなる」，「プリントアウトすると，誤字脱字に気づきやすい」など

なる」といったメタ認知的知識を持っていても，「ここは難しいところだ」というモニタリング（メタ認知的活動）が機能しなければ，その知識を活用できません。つまり，メタ認知的活動とメタ認知的知識がかみ合うことが重要なのです（表0-1）。

　このように，メタ認知は学習を支える上でとても重要ですし，日常生活を送る上でもメタ認知を意識すると有益です。自分が見落としやすい点にも気づけるようになるので，ミスを繰り返すようなことが避けられます。ただし，「メタ認知する」ことと「メタ認知が正確に働く」ことは別です。たとえば，「私は記憶力がよい」というメタ認知（的知識）があっても，それは勘違いで，記憶のテストをすると悲惨な成績だった…ということはありえます。そのような人は，学習時はもちろん日常生活でも大事な話をメモせず忘れてしまい，トラブルが絶えないでしょう。単に**メタ認知する**だけでなく，**正確に働かせることが大事**なのです。

クリティカルシンキング

ある日の新聞に次のような記事がありました。[2]

> K大学のY教授の研究グループは,血液型がA型である人を対象に,一人ひとりが神経質な人かどうかを判定する心理検査を行った。その結果,80%の人が神経質だと判定された。

この文章を読んだみなさんは,どう感じますか。「A型の人は神経質なんだな」とか「やっぱり,血液型と性格って関連があるのね」と感じた人は要注意です。「A型の人は神経質だ」と結論するには,「A型が,他の血液型と比べて,神経質な傾向が強い」ことがわかってはじめて言えるはずなのに,ここではそうした比較をしていないからです。他の血液型で調査をしても同じくらいの割合で神経質だと判断されるかもしれません。もしかしたら,「神経質だと判定された人が80%もいた」のは,「その心理検査が神経質だという判定結果になりやすいものだった」という可能性だって考えられるのです。

この新聞記事の例のような情報をうのみにしないためには,いろいろな可能性を注意深く考えることです。このように,**何事も無批判に信じ込んでしまうのではなく,問題点を探し出して批評し,判断することを「クリティカルシンキング」と言います**(道田・宮元・秋月,1999)。日本語では,「批判的思考」と呼びます。「批判」と聞くと,何だかものものしく感じるかもしれません。でも,けっして「他者の間違いを見つけてやろう」とあら探しをするようなもの

---

(2) この例は,吉田(2002)を参考に作成したものです。

ではありません。「じっくりと物事を考える」こと,「すぐにうのみにせずに,一歩立ち止まって自分の頭で考えてみる」ことを意味しているのです(クリティカルシンキングは,7章で詳しく紹介します)。

心の理論

みなさんが誰かと話をしているときに,相手が何度か時計に目を向けているのを見ると,相手は「話を終えたいのかな」とか,「この話題はつまらないのかしら」とか感じますよね。このように,**相手の行動や言葉を見たり聞いたりして,相手の気持ちや意図を察することを,心理学では「心の理論」と呼びます**(坂井,2008;林,2010)(図0-2)。「理論」というと,難しそうに聞こえるかもしれませんが心配はいりません。だって,私たちは,「自分がこう言ったら,相手はこう感じるだろう」とか「相手がそう言うからには,こうしたいのだろう」といったことを考えながら,他者とコミュニケーションをとっていますよね。つまり,私たちは心の働きについてさまざまな知識を身につけており,それを使って次の相手の行動を推測したりしています。それで,このような知識のまとまりに「理論」という言葉が使われているのです。

心の理論,つまり相手の言動から相手の気持ちや意図を察することは,幼いころから発達するものなので,多少の個人差はあっても,**学生のみなさんは心の理論を「持っている」**はずです。しかし,

図0-2 「心の理論」のイメージ

それを「適切に働かせているか」どうかは別のことです。学生のレポートや論文を見ていると，あるいは発表を聞いていると，心の理論を働かせているとは思えないものに出くわすことがあります。重要な用語が何の定義や説明もなく書かれていたり，早口で聞きとれなかったりするのです。このような問題は，読み手や聞き手，すなわち他者のことを意識しながら，「この用語はわかりにくいな」とか「早口になっていたり，わかりにくい説明になっていたりしないだろうか？」と思いを巡らすことで防げるはずです。

3つのキーワードの関係

　メタ認知，クリティカルシンキング，心の理論の3つは，それぞれが関連しています。クリティカルシンキングにおいて，自分の考えの偏りに気づき，修正するというプロセスは，メタ認知が働いてこそできることです。逆に，クリティカルシンキングを身につけていくことで，メタ認知が正確にできるようになります。

　また，心の理論は，他者の心の状態を察すること（モニタリング）です。ということは，メタ認知が自分ではなく，他者に向けられたものと考えることができます。心の理論は，メタ認知を豊かにすることで適切に働くようになりますし，逆に心の理論を使うことで，メタ認知もさらに豊かなものになるでしょう。

　さらに，クリティカルシンキングにおいて，自分の視点から離れて客観的に考えるプロセスは，心の理論が働いてこそできることです。逆に，クリティカルシンキングを身につけていくことで，心の理論を適切に働かせることができます。

　このように，3つのキーワードはそれぞれが深く関連しており，

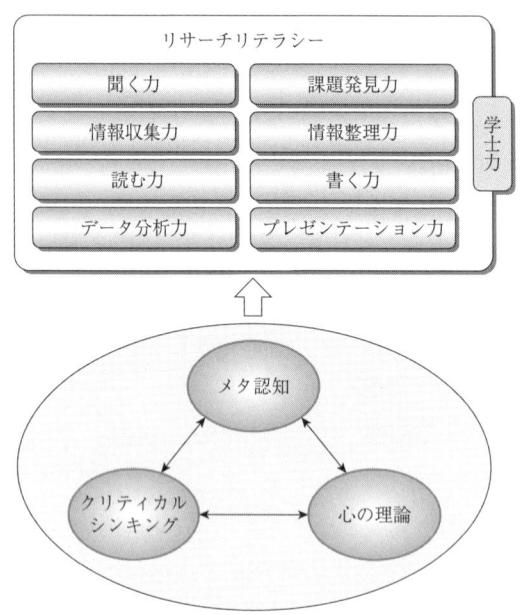

図 0-3　研究のための 8 つの力を支える 3 つのキーワード

リサーチリテラシー（研究のための 8 つの力）を養っていく上で不可欠なものとなるのです（図 0-3）。「はじめに」で述べたように，本書のセールスポイントは「複眼的なとらえ方」でしたが，これを少し学問的に言うと，「メタ認知，クリティカルシンキング，心の理論を働かせること」となるのです。

学士力（ジェネリックスキル）

　本書は，「はじめに」で記したように，研究を遂行するために身につけておくべき基礎能力を，8 つの力（聞く力，課題発見力，情報収集力，情報整理力，読む力，データ分析力，書く力，プレゼンテーシ

ョン力）に分けて解説するものですが，これらを理解する上で，もう1つ知っておくとよい言葉があります。それは，近年，大学教育で注目が集まっている「学士力」，あるいは，「ジェネリックスキル（generic skill）」という言葉です。

「学士」とは，大学を卒業したときに授与される学位のことです。つまり，学士力とは，大学教育で保証する能力の内容として，あるいは，学生を採用する企業の側が，大学時代に身につけておいて欲しいと期待する能力として考えられているものです（たとえば，松村（2009））。学士力で想定されている能力は，「知識・理解」「汎用的技能」「態度・志向性」「統合的な学習経験と創造的思考力」の4分野から構成され，汎用的技能には，「コミュニケーション・スキル」「数量的スキル」「情報リテラシー」「論理的思考力」「問題解決力」の5つが定義されています[3]。

これらは本書で取り上げる内容と共通するものです。たとえば，コミュニケーション・スキルは，「日本語と特定の外国語を用いて，読み，書き，聞き，話すことができる」ことと定義されていますが，8つの力でいえば，「聞く力」「読む力」「書く力」「プレゼンテーション力」と直結するものです。つまり，8つの力は学士力（ジェネリックスキル）と非常に近いものといえるでしょう。メタ認知，クリティカルシンキング，心の理論の3つのキーワードをふまえながら，本書を読んで実践することで，8つの力を養ってください。そ

---

[3] 詳細は，文部科学省中央教育審議会（2008）による「学士課程教育の構築に向けて（答申）」の「各専攻分野を通じて培う学士力～学士課程共通の学習成果に関する参考指針～」でまとめられています。

れにより，学士力（ジェネリックスキル）を身につけてもらえると，筆者らは嬉しく思います(4)。大学生として習得すべき能力，企業や社会で求められるスキルを獲得することになるはずです。

本書を通してのキーワード

8つの力
　聞く力，課題発見力，情報収集力，情報整理力，読む力，書く力，データ分析力，プレゼンテーション力

メタ認知
　見る，聞く，覚える，忘れる，考えるといった心の働き（認知）自体を，上から眺めて理解するような心の働きのこと

クリティカルシンキング
　何事も無批判に信じ込んでしまうのではなく，問題点を探し出して批評し，判断すること

心の理論
　相手の言動から相手の気持ちや意図を察すること

学士力
　大学卒業までに最低限身に着けておくべきとされる能力で，本書の8つの力と類似するもの

---

(4) そういう筆者らは，自分たちが学部生のころは，このようなスキルを十分には身につけていませんでしたし，3つのキーワードに相当することも意識できていませんでした。もし，こうしたスキルや意識を持っていれば，もっと充実した大学生活を送れたのでは…と思います。だからこそ，みなさんにはぜひ身につけていただけると嬉しいなと思うのです。

引用文献

林 創（2010）．心の理論―他者の「心」を理解する心　森　敏昭・淵上克義・青木多寿子（編）よくわかる学校教育心理学　ミネルヴァ書房　pp.122-123.

勝間和代（2008）．起きていることはすべて正しい―運を戦略的につかむ勝間式４つの技術　ダイヤモンド社

松村直樹（2009）．大学教育と就職―学生に対する出口の質保証　斎藤里美・杉山憲司（編著）大学教育と質保証―多様な視点から高等教育の未来を考える　明石書店　pp.183-211.

道田泰司・宮元博章・秋月りす（1999）．クリティカル進化（シンカー）論―『OL進化論』で学ぶ思考の技法　北大路書房

茂木健一郎（2010）．「読む，書く，話す」脳活用術―日本語・英語学習法　PHP研究所

文部科学省中央教育審議会（2008）．学士課程教育の構築に向けて（答申）平成20年12月24日
http://www.mext.go.jp/b_menu/shingi/chukyo/chukyo0/toushin/1217067.htm（2011年３月24日閲覧）

齋藤　孝（2009）．「読む・書く・話す」を一瞬でモノにする技術　大和書房

坂井克之（2008）．心の脳科学―「わたし」は脳から生まれる　中公新書

三宮真智子（編著）（2008）．メタ認知―学習力を支える高次認知機能　北大路書房

吉田寿夫（2002）．人についての思い込みⅡ　北大路書房

1章　聞く力

　　4月中旬のある日の昼休み，学食で2人の学生が会話をしています。
よしこ：「あ～，今日の1限寝坊した！　授業出られなかったよ」
まゆみ：「ったく。よしこはいつもしょうがないわね……」
よしこ：「今日の授業，どんなんだった。簡単に教えてよ」
まゆみ：「わかったわよ。えーっと……」
よしこ：「どれどれ」
まゆみ：「……（あれ？　今日先生何話してたっけ？）」
よしこ：「どうしたの？　早く教えてよ」
まゆみ：「それが……。何を話してたか，思い出せないの……」
よしこ：「何よー！　まゆみだって先生の話聞いてないじゃん」
まゆみ：「よしこと一緒にしないでよ！　私はちゃんと遅刻せずに授業に出ていたんだから」
よしこ：「授業に出てたって，話の中身を覚えてないんじゃ，出てなかった私と一緒じゃん」
まゆみ：「それはそうだけど……（おかしいな，ちゃんと授業聞いていたはずなのに，何で先生の話を覚えていないんだろう？）」

　みなさんもこのようなやりとりを経験した覚えはないでしょうか。「人の話を聞く」ということは，簡単そうでいて実は難しいことで

す。この章では,「リサーチリテラシー」の中でももっとも基本となる,「聞く力」について取り上げていきます。まずは人の話を聞くことから本書はスタートします。具体的には,講義で教員の話をどのように聞けばよいか,ノートの取り方,さらに,聞く相手との関連ということで,教員とのコミュニケーションについて触れていくことにします。

　このような内容からスタートすることについて,「これが学部2～3年生向けの内容なのか?」「簡単すぎるのでは?」と思う人もいるかもしれません。しかし,筆者らは本章の内容が一番難しいと考えています。**聞く力は,リサーチリテラシーの1つであると同時に,お互いが気持ちよくコミュニケーションできるかどうかを決める重要な要素**だと思うからです。それはけっして簡単なことではなく,社会人になってからも考えていかなければいけないとても大切なことです。

　「聞く力」というタイトルの本章の内容の多くは「マナー」を語るものとなっています。「マナーを語る」というのはとても難しいことです。こうした内容を書いている筆者らに対して,「そういうあなたはどれだけマナーを守れているの?」「そんな偉そうなことをいう,あなたは聖人君子のような人間なの?」ということを同時に突きつけられてしまうことになるからです。筆者らは完璧なマナーの実践者であるとはとても言えません。もちろん聖人君子でもあるはずなく,普通の人間です。それでも,こうした内容をまず初めに取り上げるのは,本章の内容が,皆さんにとって有用な,大事なことだと考えるからです。筆者らが「上から目線」で書くのではなく,マナーを守ることのメリットを,皆さんに説得力を持って

示せたらと思います。

1.1 話を聞くこと

　話を聞くことは，人とのコミュニケーションのもっとも基本となるものです。それだけでなく，本書で取り上げている「リサーチリテラシー」においても，一番の基本となるものといえます。『徒然草』でも「先達はあらまほしき事なり」（訳：案内してくれる人を持ちたいものだ）という一文があります。「私は全て独学でできるから，人の話なんか聞く必要はない」というスーパーマンは別として，ほとんどの人にとっては自分よりも経験を積んだ人（教員だったり，先輩だったりする）の話は有益であるはずです。本節では，大学の講義やゼミでの話の聞き方について述べ，さらに，「批判的に話を聞く」ことを紹介します。

講義で話を聞く

　講義で教員の話を聞くときにどのようにすればよいでしょうか？ここでは，聞き方のレベルを4段階に分け，最低限の基本的なことから高度な聞き方まで段階を追って，講義の聞き方を紹介してみることにします。聞き方のレベルは以下のようになります。

　　レベル0：マナーを守って聞く
　　レベル1：傾聴する
　　レベル2：他の人に後で伝えられるように聞く
　　レベル3：批判的に聞く

レベル0：マナーを守って聞く

　レベル0は「マナーを守って聞く」です。話し手である教員や他の受講生を不快にさせないようにということです。授業を受けるときのマナーといってもいいでしょう。主なものは，①私語をしない，②飲食をしない，③携帯をいじらない，④遅刻をしない，などがあげられます（これらは，藤田（2006）で紹介されているものです）。「そんなのどれも当たり前じゃないか」と思った人もいるでしょう。当たり前のはずなのですが，現実には，とくに大規模な教室になるほど，上記のことは守られにくくなるようです。

　学生と教員が一対一で面と向かっている状況なら，あるいは，少人数のクラスならやらないようなことを，大きな教室だった場合はやってしまうことがありませんか。大教室だからといってマナー違反が許されるわけではないですよね。

　じつは，教壇からは授業を受けている学生の様子がすごくよく見えます。みなさんは，大勢の受講生がいる大教室の授業では，自分1人ぐらい横を向いて友達と話していたり，

ばれないと思ったら……。

携帯をいじったりしても先生は気づかないだろう，あるいは，先生は何とも思わないだろう，と考えていませんか？ しかし，教壇に立っている教員から見ると，大勢が同じような姿勢で授業を聞いている中で，1人だけ横を向いていたり，(携帯をいじっているために) 視線が机の下にあったり，というのはすごく目立つのです。白丸がたくさんある中で1つだけ黒丸がある状況を思い浮かべてみて下さい。一瞬で黒丸を見つけ出せますよね。それと同じことです（こうした現象を心理学で「ポップアウト」といいます）。

だから，みなさんには，相手の立場（ここでは授業をしている教員の立場）に立って考えてもらいたいのです。皆さんも，誰かに話しかけたとき，あくびをされたり(1)，目の前で携帯をいじられたりしたらあまり気分はよくないです

相手の立場に立って考えてみよう

---

(1) あくびは生理的なものですから，無理やり抑える必要はありませんが，手で口を隠してこっそりあくびをしたり，下を向いて口を閉じながらしたりするなど，「相手に気を遣っていますよ」ということがわかるようにすると，相手が不愉快にならないと思われます。

よね。それは大学の教員も同じでがっかりしてやる気をなくします。「自分の授業はそんなにつまらないのだろうか……」と落ち込んだりします。

　教員がそうした気持ちになってしまうとすれば，授業を聞く側の皆さんにとってもったいないことになります。たとえば，教員が「授業に関連した面白い文献を紹介しよう」と考えていたかもしれないのに，「興味がないみたいだな」と紹介するのをやめてしまうかもしれません。あるいは，教員自身の研究についての面白いエピソードが聞けるチャンスだったのかもしれないのに，教員が話す気を無くしてしまうかもしれません。なにより，私語をしたり，寝たりすることで授業を聞きそびれると，重要な情報を聞き逃して，損をするのは皆さん自身です。

　それに，周りはそんなあなたの様子をよく見ています。同じ授業を受けている学生から「あの人は授業態度が悪い。授業を受ける簡単なルールすら守れない人なんだ」と思われてしまうかもしれません。あなたは同級生からそのように思われても平気でしょうか。自分の行動が周りからどう見られているかということにも気を配れるようになりましょう。言い換えると，「心の理論」を意識してみようということです（0章参照）。

　ここでは，大教室の例をあげてみましたが，少人数のゼミであっても，何百人も受講生がいる大教室の授業でも，できるかぎり同じように振る舞いましょう。「**マナーを守って聞く**」ことは，話を聞く上でもっとも基本的な態度です。

レベル1：傾聴する

　続いて，聞き方のレベル1は「傾聴する」です。つまり，教員の話に熱心に耳を傾けるということです。「先生は何を話すんだろう？」「先生の話す内容を聞き逃さないぞ」と思いながら聞いてみてください。「そんなの無理！」といわないで，まずはそう思ってみるところから始めてみましょう。また，教員の話に相づちを打ちながら聞くことも効果的です。「私はちゃんと先生の話を聞いていますよ」というのが教員に伝わりますし，教員も「学生から反応がある」と喜んで，気分よく授業を進めてくれるでしょう。そうすると，教室の雰囲気もよくなるでしょうし，教員も思わぬことを話してくれるようになるかもしれません。

　また，教員の話がよくわからないときは，顔をしかめてみたり，首をかしげてみてもよいでしょう。勘のよい教員なら，わかりやすいように言いなおしてくれたり，補足の説明をしてくれたりするはずです。これは手を挙げて質問するのはちょっとためらわれるような場合に有効な方法です。言語を用いないコミュニケーション，つまり，ノンバーバル・コミュニケーションということですね。

　傾聴することそれ自体が，人の話を聞くことのよいトレーニングになります。人の話を聞くというのはとても疲れることです。慣れないうちは，10分聞くだけでもどっと疲れてしまうでしょう。大学の授業という，自分にかかる責任を気にすることが少ない環境で傾聴することを心がけてみることは，人の話を聞くのに慣れるのに役立ちます。そして，傾聴するということは，大学を出て社会人になってから，より必要となるスキルです。そのスキルを身につけていることは，どんな仕事についても，あるいは，日常生活でも重要な

こととなります。

　一生懸命，教員の話に耳を傾けていても，ときには眠くなってしまったり，ぼーっとして他のことを考えてしまったりすることもあるかもしれません。そんなときは，ノートを取りながら講義を聞くのが効果的です。ノートの取り方については，次節で詳しく取り上げます。ノートを取る，つまり，手を動かすことで，ただ聞くだけの状態よりも集中することができます。

レベル2：他の人に後で伝えられるように聞く

　さらに，聞き方のレベル2は「他の人に後で伝えられるように聞く」です。たとえば，あなたが大学の同級生を代表して，その授業を1人で聴講しているとイメージしてください。授業が終わったら，同級生たちのところに戻って，講義の内容を皆に伝えなければいけないとしましょう。これは責任重大ですが，実際に大学を卒業して就職したら，上司や同僚への報告などの場面でよく起こる状況です。他の人に伝えられるように聞くためには，ただ漫然と聞いているようでは不安ですよね。やはり，ノートやメモを取ることが大切になってきます。「他の人に話の内容を簡潔にわかりやすく伝えるためにはどうしたらよいだろう」ということを意識しながら話を聞き，ノートを取ってみてください。

　同じように，「話の内容を1分で簡潔に伝えるには」「話の内容を5分で詳しく伝えるには」というさまざまな状況を想定して話を聞くようにしてみると，よいトレーニングになります。

　レベル2の聞き方ができるようになってきたら，次のステップであるレベル3へ進みましょう。それは，教員の話を素直に受け止め

て聞くのではなく,「批判的に聞く」ということです。それでは批判的に聞くとはどういうことでしょうか。

レベル3：批判的に聞く

「批判的に聞く」というと，何だかものものしく感じるかもしれません。でも，けっして「先生の間違いを見つけてやろう」とあら探しをしながら話を聞くということではありません。

「批判的に聞く」というのは，言われたこと，聞いたことをうのみにせず，いったん留まって「本当にそうだろうか？」「違った考え方はできないだろうか？」と自分に問いかけることです。0章で紹介した，本書の3つのキーワードの1つ,「クリティカルシンキング」を意識した聞き方ということです。

教員が話したことが唯一の真実とは限りません。というのは，大学の学問は唯一の正解がないこと，そもそも正解すらないことも当たり前にあるからです。ある専門領域についても，教員ごとに理論が異なることもあり，そうした理論の違う教員どうしでは，考え方も非常に異なる場合があるのです。それに，教員も人間なのだから（このことについては，後ほどまた触れます），ときには間違ったことをいうこともあります。批判的に聞くということができていないと，そうした誤りにも気付かずに,「先生が言っているのだから間違いないだろう」とやり過ごしてしまうことになりかねません。

また，批判的に聞くということを心がけることは，思考力のトレーニングにも有効です。「批判的に聞く」と言葉でいうのは簡単ですが，実際にそれをやり続けるのは大変です。つねに「ちょっと待てよ」「他に考えられないか？」と思いながら話を聞くのは，と

ても頭を使います。だから、慣れないうちはちょっとやってみただけでも、非常に疲れてしまうでしょう。これは、頭に負荷をかけているためです。でも、それはみなさんの思考力を鍛えていることにもつながるのです。最初は大変だと思いますが、少しずつでも批判的に聞くということを意識してやってみてください。そうすることで、自分なりの問題意識、テーマ（課題）が見つかる（2章）かもしれません。

ここで紹介した「批判的に聞く」は、クリティカルシンキングによる聞き方ということです。クリティカルシンキングは、0章の他に、5章「読む力」、6章「書く力」、そして、7章「データ分析力」でも登場する、本書において非常に大切なキーワードです。

1.2　ノートの取り方

「いまさらノートの取り方について教わらなくたって、小学生のころからノートは取り続けてきたよ」と皆さんは思うかもしれません。しかし、授業で黒板に書かれたことをそのまま写すことが「ノートを取ること」ではありません。むしろ、板書をしないような授業、資料が用意されないミーティングにおいてこそ、ノートを取ることを実践してもらいたいと思います。本節では、何のためにノートを取るのか、そして、ノートを取ることの利点についてそれぞれ述べるとともに、ノートの取り方の一例として「コーネル式ノート作成法」を紹介します。

1章　聞く力

何のためにノートを取るのか

　何のためにノートを取るのでしょうか？　いろいろと理由は考えられるでしょう。しかし，一番大切なのは，**「後から，聞いた話を再現できるようにするため」**といえるのではないでしょうか。これはすでに話の聞き方のレベル2でも出てきたものです。我々一般人の記憶力は悲しいほど脆弱です。そんなはかない記憶を強化するためにもノートを取ることは重要です。なお，この点については続く3章でも述べます。

　本章の冒頭の，よしことまゆみの会話を振り返ってみましょう。まゆみが受けていた授業は板書をほとんどしない授業でした。それなのに，まゆみはノートを取ることをせずに授業を聞いていました。そのため，授業に出席し，その場で聞いているはずなのに，後でよしこに授業の内容を聞かれたときにうまく答えられなかったのです。まゆみがノートを取って，「後で，聞いた話を自分なりに振り返ることができるようにしよう」という思いを持って授業に臨んでいたら，よしこに聞かれたときにちゃんと答えられていたでしょう。(2)

　大学の授業は，板書を丁寧にする教員や配付資料を用意しそれを元に話をする教員ばかりではありません。「先生が黒板を使わないからノートは取らない」のではなく，板書をしない教員の授業でこそ，自分から進んでノートを取るようにしてみましょう。

（2）　これもメタ認知が機能していない例と言えるでしょう。まゆみが漠然と授業を聞いてしまったのは，「自分がどの程度理解しているかに意識が向いていなかった」（メタ認知的活動）ともいえますし，「自分の記憶力（の弱さ）がどの程度かわかっていなかった」（メタ認知的知識）ともいえます（0章参照）。

ノートを取ることの利点

　ノートを取ることの利点をまとめると以下のようになります。

・ノートを取ることで，漫然と話を聞かなくなる。
・手を動かすことで，ただ聞くよりも記憶にも残りやすいし，眠気対策にも有効。
・自分で「この話のポイントはなんだろう？」と考えながら聞くことができるようになる。
・話を聞いていて疑問に思ったことをノートに書き留めておくことができる。疑問点は話を聞き終わった後に質問することもできる。
・後でノートを見ることで，聞いた話の内容を再現できる。誰かに聞いた話を伝えるときに便利。

　大学の授業は長いです（1つの授業の時間が90分や100分あります）。授業開始直後は気合いが入っていても，段々と疲れてきて，ぼーっとしたり，眠くなったりすることもあります。そういうときでも，手を動かすこともなくただ漫然と話を聞くのと，ノートを取りながら聞くのとでは，大きな違いが生じてくるはずです。

　「聞いた話の内容を1分で簡潔に話さなければならない」としたら，とにかくその話の中で一番重要なポイントはどこなのかを掴んでおかなければなりません。そのためにもノートを取ることは有効です。授業を聞いてキーワードをノートに整理する中で，その中でも**教員が一番強調したいことは何なのかということをつねに考えながら聞いてみましょう。**

　大規模な授業ではあまりないかもしれませんが，研究会やシンポジウム，あるいはゼミなどでは，教員（または発表者）の話が終わ

コラム　1限は眠い，3限も眠い

　大学の授業でもベストな時間帯があると思います。学生にとっても，教員にとってもベストの時間帯は2限ではないでしょうか。1限は朝イチで眠く（遅刻者でたびたび授業が中断されるのもマイナス要因！），3限はお昼を食べた後で眠い。それらに比べたら2限は目も覚めているし，4限や5限に比べたらまだ一日の疲れもたまっていません。実際に，筆者は全く同一内容の授業を同じ曜日の1,2限に開講したことがあります。半期の授業が終わって，授業評価アンケート結果を見ると，2限のほうが評価は高かったのです。さらに，2限のクラスのほうが試験成績もよかったです（試験は2クラス同じ時間に実施しました）。1限のほうが受講者数も少なく（1限80名，2限110名位），むしろ授業環境はよかったはずなので，これは興味深い結果でした。というわけで，授業するなら2限だな，と思っています。ただし，2限でも，授業を延長したりするとお腹が空いた学生から不満が出ることもあります。

った後で「質問はありませんか？」と聞かれることが多いです。こういうときはぜひ積極的に質問してみましょう。質問するためには，「話を聞いていて，疑問に思ったことをノートに書き留めておくこと」が有効です。もちろん，普段の授業のときにも疑問点はどんどんノートに書いておいて，授業後に教員に質問するようにしてみましょう。

ノートの取り方の一例

　ノートの取り方は人それぞれで，自分がよいと思った方法を試行錯誤しながら見つけていけばよいでしょう。ここでは，よく知られている方法の1つである「コーネル式ノート作成法」を紹介します（図1-1）。これはアメリカのアイビーリーグ（アメリカ東部の8つの名門私立大学）の1つ，コーネル大学で考案されたノートの取り方です。

　以下の内容は，ITmedia Biz.IDで紹介された，「講義ノートの取り方と復習のコツ」（2006）の内容を参考に解説したものです（図1-1もこのサイトを参考に作成しています）。

　ノートの1ページを，①ノート欄，②キュー欄，③サマリー欄という3つの領域に分けます。ノート欄は，全体の2/3位を占める一番大きな領域です。ここに講義の内容を書いていきます。そのときに，教員の言葉をいちいち丁寧に書くような，逐語録にする必要はありません。むしろ，省略記号を積極的に使って，なるべく短い文で，単語をつなげるようにノートを取るようにします。

省略記号の例[3]

e.g.：例えば（ラテン語のexempli gratiaから）
ref.：〜を参照せよ（reference）
cf.：〜と比較せよ（ラテン語のconferaturから）
opp.：反対は（opposed）

　話の要点を簡潔にまとめるように心がけることが大切です。後か

---

[3] http://www.cscd.osaka-u.ac.jp/user/rosaldo/000614repo2.html（2011年6月15日閲覧）を参考にしました。

1章 聞く力

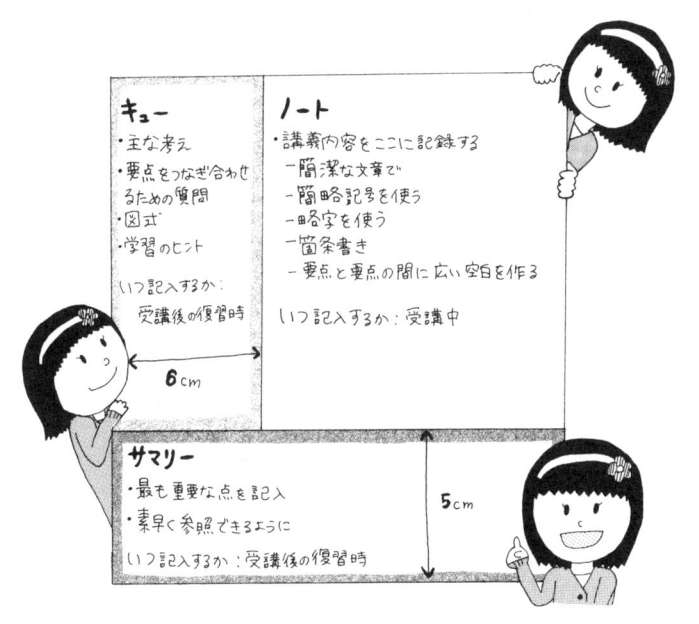

```
キュー                    ノート
・主な考え                 ・講義内容をここに記録する
・要点をつなぎ合わせ          ー簡潔な文章で
 るための質問              ー簡略記号を使う
・図式                    ー略字を使う
・学習のヒント              ー箇条書き
                        ー要点と要点の間に広い空白を作る
いつ記入するか：
  受講後の復習時           いつ記入するか：受講中

  ←6cm→

サマリー
・最も重要な点を記入         5cm
・素早く参照できるように

いつ記入するか：受講後の復習時
```

図1-1　コーネル式ノート作成法

ら書き込みを加えられるように，余白を十分に取りましょう。このことと関連しますが，ノートは他人に見せるために取るわけではありません。ノートは書いた本人が読んでわかればよくて，あくまで自分のためのものです。だから見にくかったり，字が汚かったりしても気にする必要はありません。もちろん，ノートの清書は不要です。むしろ，そんな綺麗なノートを作ると，不真面目な同級生にアテにされるのがオチです（友達からテスト前に貸してくれと言われるノートにはなるでしょうが，それがあなたにとってどんなメリットがあるのか考えてみましょう）。また，教科書や配布プリントを使う授業であれば，教科書やプリントの何ページの何行目あたりに対応する

かをノートに書きこんでおくのも効果的です（あわせて，該当する教科書やプリントの部分にアンダーラインを引いておくのもよいでしょう）。

キュー欄は，ノート全体の左1/3くらいの縦長の領域です。キュー（Cue）とは「手がかり」という意味です。ここは講義の後に活用します。ここには，ノート欄に書かれた内容からキーワードを書き出して，見出しをつけるようにしてください。見出しは1つのトピック全体を表す言葉でもよいし，1つのトピックの中で重要な言葉を抜き出して書いても OK です。ノート欄を隠して，キュー欄だけを見て，ノート欄の内容を思い出せるようにするとよいでしょう。

サマリー欄は，ノート全体の下1/4くらいの横長の領域です。ここは，家に帰って講義内容を復習するときに書きます。ノート欄全体に書かれた内容を1〜2行程度の文章にまとめて書き記します。後で読み返したときに，そのページに書かれた内容を簡単に言うとどういうことかわかるように書いて下さい。

上記のサイトでは，コーネル大学式ノートを Word や PDF ファイルで作成してくれるサイトの紹介もしています。また，「(株)学研ステイフル」から「コーネルメソッドノート」が販売されています。興味のある方はこれらについても調べてみましょう。

1.3 大学教員とのコミュニケーション

本節では，大学教員とのコミュニケーションの取り方について紹介します。中には「細かいなあ…」と思う人もいるかもしれませんが，ここで書いてあることを意識してやっておいて損はありません。

そうすることで，以下のようなメリットが考えられるでしょう。

- マナーを身につけることそれ自体があなたの人間性を高めてくれるはずです。
- 人間関係は相互作用です。教員から多くのものを受け取れるかどうかはあなた次第で，そのためには教員と良好な人間関係を築くことが必要です。
- 就職活動の面接のときなどにも役に立ちます。

「就職活動で，何で役に立つんだ？」と思われた方もいるかもしれませんね。それは，普段からこうしたことを意識してやっていないと，**緊張した場面では思わぬポカをしてマナー違反をしてしまう**（というより，ある意味，普段通りの行いが出てしまう）からです。人間，すぐには変わりません。本節で書いてあることを意識しながら，少しずつマナーのある大学生を目指してみましょう！

質問の仕方

授業を聞いていて，あるいは，本や論文を読んでいて，わからないこと・疑問を感じることがあったときは，教員に積極的に質問するようにしましょう。「質問したら迷惑なのではないか？」と遠慮する必要はありません。**教員は，自分の授業がわかりやすかったかどうか，授業で伝えたいと思ったことが学生にきちんと伝わっているか，といった学生からの授業に関するフィードバックを求めています**。だから，学生からの質問には喜んで対応してくれるはずです。

とはいえ，教員も忙しいときがあったりするので，質問をするタイミングと，質問の仕方に注意を払いましょう。タイミングについ

て，授業の前後の休み時間であればとくに問題はないでしょう[(4)]。教卓へ向かい教員に声を掛けてみましょう。一方，研究室を訪れて質問をするときには，いきなり訪問するのではなく，できれば事前にアポイントメントを取るとよいでしょう。

質問の仕方については，「何を聞きたいのか」について，要点を整理してから尋ねるようにしましょう。「何がわからないかわからないので教えてください」と尋ねても，尋ねられた方が困ってしまいます（0章で紹介したキーワード「メタ認知」と関連します）。自分が疑問に思ったことを簡潔に伝えられるように，質問する前に整理してみましょう。そのためにも，ノートを取ることは有効です。ノートを読み返して，疑問点を自分の言葉で整理してみましょう。

研究室を訪ねるとき

レポートを提出したり，質問をしたり，と教員の研究室を訪ねる機会もあるでしょう。そんなとき，どのように行動すればよいでしょうか。はじめて教員の研究室を訪ねるときは，緊張するでしょうし，勇気がいると思います。そんなときもここに書いてあることを実践すればきっと大丈夫です。

①ドアをノックして返事があるのを待とう
②自分が誰かを名乗ろう
③用件を伝えよう

---

(4) ただし，教員によっては，授業が連続してある場合もあり，次の教室へ急いでいるようなときもあるかもしれません。そのときは，教員の様子を観察して忙しくないかを見極めてから質問するとよいでしょう。

1章 聞く力

　ちなみに、これまでの経験で一番強烈だった学生を紹介します。ノックせずにいきなりドアを開け、人の顔を見るなり、もちろん自分が誰かを名乗りもせずに「○○先生（筆者ではありません）の研究室はここですか？」と聞いてきた学生がいました。ドアにはここが誰の研究室か書いてあるのにもかかわらずです。あのときは本当にビックリしました。

　高校時代までは、教員を訪ねるというのは、職員室に行くことだったと思います。高校の職員室では、入り口で挨拶すればそれで十分でしたね。後はお目当ての教員のところへ行くだけです。教員はあなたのことを知っているはずですから、自分のことを名乗ったり用件を伝えたりといったことは必要なかったかもしれません。しかし、大学では高校のときと同じようにはいかない場合も多いと思います。先ほども書いたように、大学で教員を訪ねるということは、その教員の研究室へ行くことです。つまり、他人の家を訪問するのと同じような気持ちが必要になると思います。

　大学の教員の研究室は個室であることが多いです。皆さんが思っている以上に、教員は自分の研究室に対してプライベート感を持っています（自分の家、自分の部屋にいるような感覚といったらわかりやすいかもしれません）。ですので、教員の研究室を訪ねるときは、人の家を訪ねるつもりで行くとよいでしょう。人の家を訪ねるとしたら、いきなりドアを開けたり、自分を名乗らずに用件だけいったり、といった行動をとることは考えにくいですよね。

　何も言わずにいきなりドアを開けるのはやめましょう。教員は、他の学生に対応していたり、接客中であるかもしれないし、重要な書類を書いているところかもしれません、あるいは、食事中という

こともあります。まずは、①ノックをして返事があるのを待ちましょう。研究室に入るのを許可されたときに、次に取るべき行動は、②自分のことを名乗ること（所属、学年、名前をハッキリと伝えましょう）、そして、何のために研究室に来たのか、③用件を伝えることです。

こうしたことを習慣づけておけば、就職活動のときにもきっと役立つはずです。そう思って、行動してみてくださいね。

メールで連絡を取る場合

メールで教員に質問をすることや、教員からレポートの提出をメールで送るように指示されることもあるでしょう。そういう場合に注意しておくべきことを紹介します。

①メール本文にはきちんと用件を書こう
②携帯メールを送るときには注意が必要
③教員はパソコンでメールを読んでいることを意識しよう

①メール本文にはきちんと用件を書こう

メールでレポートを提出してもらうときに多いのが、本文に何も書かずに添付ファイル付きのメールを送ってくるというものです。メールの件名がないものもあれば、件名のところに「学校教育心理学レポート」のように書いてあるものもあります。けれども、いずれにしても本文にはひと言も書かれていません。レポートを添付ファイル付きメールで送る場合でも、メールの本文には名前と用件、それと簡単な挨拶くらいは書いておくとよいでしょう（最後の挨拶

については，必須ではないですが，マナーとしては必要です）。

　そうでないと，研究室を訪ねるときに，ノックせずにいきなりドアを開ける学生とやっていることは変わらないことになってしまいます。この場合，ノックせずにいきなりドアを開けて無言でレポートを置いて去っていく，という感じでしょうか。かなり失礼なことだと思いませんか。

②携帯メールを送るときには注意が必要

　普段，友達と携帯メールをやりとりしているときと同じように教員にメールを送ってしまうことのないようにしましょう。携帯メールどうしのやりとりでは，差出人のところにメールアドレスそのものではなく，電話帳に登録してある人の名前が表示されますよね。なので，携帯メールのやりとりでは，わざわざ自分が誰かを名乗らなくても，相手に自分が誰かは伝わります。しかし，携帯メールからパソコンのメールへ送る場合はそうではありません。パソコンでメールを読む場合，メールの「差出人」欄には，あなたの名前ではなく携帯のメールアドレスが表示されます。だから，**携帯メールを受け取った教員は，メールアドレスからでは誰から来たメールかわからない**ということがよく起こります。それなのに，本文で，自分が誰かを名乗らなければ，これはもう差出人不明のメールになってしまいます（パソコンからメールを送る場合も同様ですが）。携帯メールから教員へメールを送るときには，とくに気をつけましょう。

　もちろん，教員との人間関係が構築されていけば，その人間関係の範囲で柔軟なやりとりは許されるようになるでしょう。携帯メールのアドレスからでも，あなたが誰かを特定してもらえるようにな

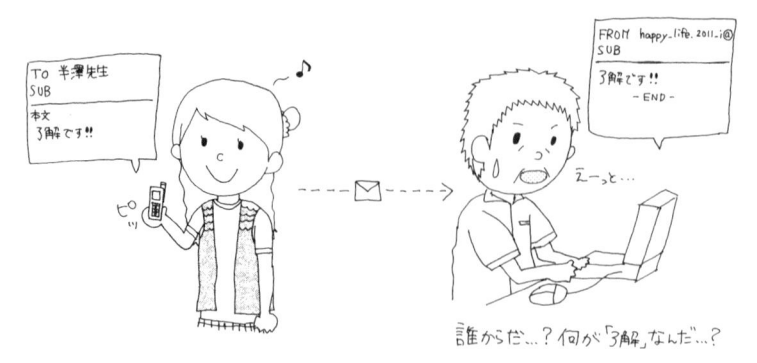

携帯メールは要注意！

るかもしれません。もっとも，教員に自分のことを特定してもらえるようになったからといって，携帯メールに自分の名前を書かなくてよいということにはなりませんが。

③教員は基本的にパソコンでメールを読んでいることを意識しよう

　大学の教員の多くはメールを「パソコンで」読み書きしています。このことを意識しましょう。先ほども述べたように，教員に届いたメールの「差出人」欄には，あなたの名前ではなく携帯のメールアドレスが表示されます。また，パソコンでメールを読むということは，携帯とは違う大きな画面でメールを読み書きしているということです。たくさんの受信メールが並んでいる中で，件名がないメール，携帯のメールアドレスでよくある意味不明の文字列は，目立ち（ポップアウトして），異様に感じられます。それだけで印象が悪くなってしまうこともあるので，注意しましょう。

　「意味不明の文字列」のレベルでとどまっているならまだよいのですが，中には，携帯のメールアドレスや，Yahoo! メール，Hotmail な

どのフリーのメールアドレスで常識を疑われるような悪ふざけの過ぎたアドレスを使っている人がときどきいます。そんなメールアドレスを就職活動のときに使ったら，メールを受け取った企業の担当者はどう思うでしょうか。メールを受け取った相手が不快に思うようなメールアドレスは使わない方がよいでしょう。大学で用意されているのであれば，学生1人1人に割り当てられたメールアドレスを使用するとよいでしょう。

　これらはネットワークエチケット，つまり，「**ネチケット**」の話にもつながることです。メールでのやりとりは，直接対面してのやりとりとは違って文字だけのやりとりになります。メールを読んだ相手の受け取り方によっては，思わぬ誤解を与えることもあるので，より慎重になるべきでしょう。とくに教員へメールを送る際は，メールを書き上げた後でもう一度読み返してみて，誤字脱字はないか，表現におかしなところはないか（読み方によっては誤解を与えるようなところがないか），きちんと自分の所属，名前，用件が書かれているかを確認するように習慣づけておきましょう。

　ここまでの内容を整理すると，以下のようになります。

- メールの件名を書くようにしましょう。
- メールの本文は白紙にはせず，自分の所属・名前と用件，それと簡単な挨拶を書くようにしましょう。
- メールを書き終えた後，そのまま送ってよいか，もう一度読み返してみましょう。

教員へのメールに限らず，「他人がこのメールを見たとき，どう

感じるだろう」と考えてみること，つまり，他者の視点に立つこと（＝0章で紹介したキーワードの1つ「心の理論」）を意識するようにしてください。

　最後になりますが，教員からメールを受け取った場合は以下の2点に気をつけておくとよいでしょう。

・レスポンスは早めに
・大事な用件には，まずは承知のメールを送ること

　教員が何かの指示や大事な用件のメールを送ったとき，学生から何の返信もないと，「本当に伝わったのかな」と不安に思うことがあります。すぐに自分の都合を返信できない場合もあるでしょう。その場合は，「○○です。メールをありがとうございます。承知いたしました。明日には，○日の都合がわかりますので，再度返信いたします。よろしくお願いいたします」というように，**メールを読んでいることが教員に伝わるようにしておくとよいでしょう。**

大学の教員も人間です

　みなさんは，大学の教員は「先生」であって，自分たちとは違う存在だと考えていないでしょうか？　大学の教員だってみなさんと同じ人間です。1人の人間として尊重すべき相手と考えたら，一生懸命授業をしている人を相手に私語や携帯といったようなことは自然とやらなくなるはず…と思うのですが，いかがでしょうか？

　教壇でしゃべっているのが，自分の友達だったら，みなさんは，私語，携帯，居眠りをするでしょうか？　相手が教員だったらそうしたことをしてもよいのでしょうか？

とくに，大教室では私語・携帯・居眠りが増える傾向があると思います。自分が授業をする立場だったら，そうしたことをされたらどう思うか，一度考えてみてほしいと思います。

相手が大学の教員であっても，みなさんの友人であっても，同じように対応すること，それがマナーを守るということです。誰であっても，自分の友人や大切な人に対するのと同じように接するということです。

これで本章の内容は終わりです。冒頭にも述べましたが，マナーについて語る部分が多く，書き終えた今も難しいという思いが残ります。この節のタイトルに「大学の教員も人間です」と書きましたが，それは本当にそうで，マナーについて書いている筆者自身がこんなことを書いていながら，家族からは「礼儀知らずだ」と怒られているような未熟者です。さらに言えば，自分が学生のころはもっとひどかったです（講義中に食事をして怒られたこともありました！）。でも，そういう自分を振り返ると恥ずかしく思いますし，みなさんと一緒にマナーについての意識を高めていけたらとも思います。本章の内容は，筆者からみなさんへの一方通行的な伝達ではなく，お互いのコミュニケーションをよりよくしていくための，双方向的なものと考えています。それは「同じ人間」として，まだまだ未熟なところも沢山あるけど，一緒に成長していこうよ，という筆者からみなさんへ向かって投げたボールだと思ってくれたら嬉しいです。

この章で学んだことを実践すると，冒頭の2人の学生の会話が，どうなるかを見てみましょう。

4月下旬のある日の昼休み，学食で2人の学生が会話をしています。

よしこ：「あ〜，今日も1限寝坊した！　授業出られなかったよ」

まゆみ：「ったく。よしこはいつもいつもしょうがないわね……」

よしこ：「今日の授業，どんなんだった。簡単に教えてよ」

まゆみ：「わかったわよ。えーっと…」

よしこ：「どれどれ」

まゆみ：「だいじょうぶ。あの授業板書がないけど，私はちゃんとコーネル式でノートをとりながら「後から，聞いた話を再現できるように」聞いていたんだ。今日の話は，『心の理論』についての講義だったよ。」

よしこ：「こころのりろん？　なにそれ？」

まゆみ：「心の理論っていうのはね，他者の視点に立って考えることだよ。授業では，誤信念課題について習ったんだ。誤信念課題っていうのはね……」

よしこ：「ふむふむ。なるほど。よくわかったよ。あんたすごいね！　こないだと全然違うじゃん」

まゆみ：「ふふふ，そうでしょう？（これも『リサーチリテラシー入門』を読んで勉強したからかな？）」

　というわけで，まゆみは無事，授業内容をよしこに伝えることができました。ノートをとりながら授業を聞くことで，板書のない授業の内容を「他の人に後で伝えられるように聞く」（レベル2の聞き方）ことができるようになったのですね。

コラム　携帯にかんするマナー

　筆者（山田）は，いつも授業の初回で授業中に携帯を触らないように伝えています。ありがたいことに多くの学生はこちらのお願いを聞いてくれます。しかし，それでも授業が進んでいくと緊張感が薄れるのか，携帯をいじり出す学生がいます。「教室で通話を始めるわけではないなら，メールチェックくらいなら大目に見てもよいじゃないか」と思う人もいるかもしれません。この点に関して，主に舞台で活躍しているお笑いコンビのラーメンズの小林賢太郎氏のホームページ「小林賢太郎のしごと」内にある staff notes の「観劇のコツ」で，携帯電話について書かれた箇所を引用してみます。

　　そして！必ずやっておかなければならないのが，携帯電話の電源を切ることです。マナーモードではなく，電源を切るようにしてください。静かなシーンで「んー，んー，んー」という振動音はかなり響きます。念には念を入れてご確認ください。

　　この時（筆者注：上演中の幕間）に携帯電話で時間やメールのチェックをすることはおやめください。携帯電話をパカパカさせると，演出効果の妨げとなるばかりでなく，まわりの人々を一気に現実世界に引き戻す，強烈な電波を発してしまうのです。くれぐれも電源オフ！でお願いいたします。

　　(http://kentarokobayashi.net/tips.html(2011年6月15日閲覧)より)

　小林氏は，自身のブログ（日記）でもかなりの頻度で上記の「観劇のコツ」を見るように促しています。その日記を読むたびに，「ああ，公演中に携帯をいじっていた人がいたんだなあ」と思います。なお，筆者はラーメンズの公演を観に行ったとき，公演中に携帯をいじっている人を目撃したことがあります。演劇の公演と大学の授業は違うと思うかもしれませんが，そこに一生懸命やっている人がいるのは一緒ですよね。そこで携帯をいじることがいかに失礼かをよく考えてもらいたいなあ……，と思います。

> **本章のまとめ**
>
> **講義の聞き方**
> ①マナーを守って聞く（私語，飲食，ケータイ，遅刻は厳禁）
> ②傾聴する（一生懸命，話に耳を傾ける。ノンバーバル・コミュニケーションも活用しよう）
> ③他の人に伝えられるように聞く（ノート・メモを活用。「簡潔にわかりやすく伝える」ことを意識する）
> ④批判的に聞く（先生の話をうのみにしない。クリティカルシンキングを活用した聞き方）
>
> **ノートの取り方**
> ①何のためにノートを取るのか（ノートの利点を意識しよう）
> ②ポイント：要点を簡潔にまとめる，余白を十分に取る，省略記号の活用，自分なりのノートの取り方を確立しよう
>
> **教員との付き合い方**
> ①マナーのある大学生を目指してみよう
> ②研究室の訪ね方（ノック，名乗る，用件を伝える）
> ③メールの書き方（本文に用件を，携帯メールは要注意，教員はパソコンでメールを読んでいることを意識して）

引用文献

藤田哲也（編著）(2006)．大学基礎講座　改増版　北大路書房
ITmedia Biz.ID (2006)．講義ノートの取り方と復習のコツ
　　http://bizmakoto.jp/bizid/articles/0610/23/news006.html
　　（2006年10月23日更新，2010年11月25日閲覧）

2章　課題発見力

　5月上旬，研究室での教員と指導学生との会話です。
よしこ：「先生，もう4年生になって1ヶ月経ちましたが，まだ卒論のテーマが決まりません」
山林先生：「そんなに簡単に決まるものではないよ。まずは自分の興味のあるテーマについて論文を読んでみることじゃないかな」
よしこ：「うーん，そうなんですけど……」
山林先生：「どうしたの？　よしこさんがこの前のゼミで報告してくれた，子どもの自己肯定感と他者との関わりの研究なんて，面白かったし，興味を持ったんじゃないの？」
よしこ：「うーん，あの論文はゼミのときは確かに面白いと思ったんですけど，何か違うっていうか……」
山林先生：「そうなんだ。だったら，また別の論文を探して読んでみることだね。まずはたくさんの論文を読んでみて知識を深めないとね」
よしこ：「えーっと。でも先生，私はこれまで誰もやったことがないようなテーマで卒論を書きたいんです。誰もやったことないんだから，先行研究も無いし，他の人の論文を読む必要も無いですよね!?　ねっ，先生！」
山林先生：「……」

大学4年生の春（あるいは，修士1年生の秋や冬）になると，卒業論文（あるいは修士論文）のテーマを決めないと！　と学生たちが焦り出します。しかし，テーマはそう簡単には決まりません。それはテーマを決めるということは非常に難しいことだからです。本章では，テーマを決めること，言い換えると，課題発見の力について述べていきます。

2.1　自分でテーマ（課題）を見つけるということ

　大学の授業のレポートは通常，テーマ（課題）が教員から与えられます。そして，学生はその与えられたテーマについて，文献を集めたり，集めた文献を読んだり，まとめたりします。さらに，レポートをまとめる際に参考となる文献についても，教員からヒントをもらえたりもします。授業のレポートの場合は，このように，ある程度お膳立てが整った上でレポート作成に取りかかるというのが一般的でしょう。

　それに対して，**卒業論文や修士論文は，まず「何をするか」というテーマ設定の段階から自分で考えなければなりません**[1]。多くの大学の卒業論文（修士論文）[2]では，学生が興味のあること・自分の好きなことをテーマとして選び，そのテーマに半年や1年という一定

（1）　ここでは，おもに文系の学生が卒論や修論を書く場合を想定しています。理系では，先生の指導のもとでテーマを具体的に与えられる場合もありますが，そういうケースは除外して考えます。
（2）　以下，卒業論文を「卒論」，修士論文を「修論」と省略することがあります。

の期間をかけてじっくりと取り組むことが求められています(あるいは、期待されています)。これは、卒論(修論)においては、学生の裁量に任されている部分が大きいということなので、やりがいのあることですよね。その一方で、「何でも好きなテーマでいいよ」といった、大きすぎる自由度は、かえって「いったいどんなテーマにしたらいいのだろう?」と学生を悩ませることにもなります。

　テーマを決めるのが難しいのは、卒論に限ったことではありません。たとえば、大学の授業で、「自分の好きなテーマについて文献を調べて資料を作り、その資料をもとに10分間の発表をしてください」と言われたとしましょう。わずか10分程度の発表であっても、自分でテーマ選びから始めるのは大変なことです。あるいは、日々の生活の中で、自分自身で課題を見つけるというのはそんなに簡単なことではありません。漫然と日々を過ごしていたら、そもそも「自分の課題は何か」といったことを考えることもないでしょう。テーマを見つけるためには、普段の生活の中でもいろいろなところにアンテナを張り巡らせ、情報を収集し、自分で考える努力が必要となるのです。これはなかなか大変なことですよね。

　このように、一筋縄ではいきそうもない「テーマを決めること(課題を発見すること)」ですが、0章で述べたように、近年、学士力(ジェネリックスキル)と呼ばれる能力の一部として位置づけられるようになってきています。つまり、**大学を卒業するまでには、自分自身で課題を見つけることができること、さらには、その課題を解決できることが必要不可欠な能力として、その修得が求められる**ようになってきているということです。

　しかし、そうはいっても、課題を発見することは、とくに大学の

1, 2年生にとってはもっとも苦手なことの1つでしょう。それは高校までの勉強と明らかに質の違う活動だからです。高校までの勉強は,「答えが存在する課題」を解くトレーニングでした。これに対して,大学では,課題自体を自分で生み出す力をつける必要があります。また,「その課題が答えを見つける価値のあるものかどうか」も自分で判断しなければなりません。つまり,**高校までの勉強とは違う,大学生としての自立的な学びが要求される**わけです。自立的な学びとは,人にいわれてやるのではない,強制的でない学びのことです。なかなか高いハードルではありますが,面白いものでもあります。次節では,テーマの決め方の具体的な方法を実際の例を交えながら紹介していくことにします。なお,テーマを決めるといった場合の「テーマ」にはいろいろなレベルのものが考えられます。卒論や修論のテーマもそうだし,大学の授業で課されたレポート課題のテーマもそうでしょう。あるいは,もっと普段の生活の中でのテーマとか,将来皆さんが就職したときに仕事を進めて行く上でのテーマ,というのも当てはまるでしょう。本章の内容はそれらのいずれかに限定されるものではありませんが,一応の目安として,「卒論(あるいは修論)の研究テーマを決めること」を考えながら読み進めてもらいたいと思います。

2.2 テーマの決め方

本書の類書(卒論の書き方や,研究のまとめ方について書かれた本)でも,テーマの決め方について紙幅が割かれています。しかし,本によって書かれている方法はさまざまです。たとえば,ある本では

「テーマを決めるときは，最初からできるだけ絞り込みをしてから考えるようにしよう」と書いてあるし，別の本では「テーマはなるべく大きなものを選べ」と書いてあったりします。これらが真逆のことを提案しているからといって，どちらかが正しくてどちらかが間違いということではありません。ある人にはAというやり方が正しくて，別の人にはBというやり方の方がしっくりくる，ということです。いわば，相性のようなものと思えばよいでしょう。

　そういうわけで，本節ではテーマの決め方というタイトルを付けてみたものの，正直なところ，テーマを決めるための正しい唯一の方法は存在しないと思っています。テーマの決め方は人それぞれで，どれが正しいとか，どれがよいとか，一般化することはできないものです。けれども，これから述べることはテーマを決めるためのヒントにはなるはずですし，ここで紹介するいくつかの方法の中には，あなたにぴったりくる，相性のよいものも見つけられるのではないかと期待しています。

　といったことを踏まえ，本節ではテーマの決め方を，「テーマを探すには」，「テーマを深めるには」，「卒論のテーマの決め方」の順で紹介していくことにします。

テーマを探すには

　テーマを決めるということに対して，大変な仕事だと感じる人もいるでしょう。実際に卒論や修論のテーマを決めなければならないとなると，「どうしたらよいのだろう？」と途方に暮れるのも無理はないことです。しかし，自分が何に興味を持っているか，長い時間（1年程度）をかけて取り組むとしたら，「どんなことだったら

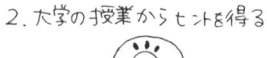

1. 普段の生活の中から探す
2. 大学の授業からヒントを得る
3. 本を読む
4. 人に相談する

テーマを探す方法

飽きずに取り組めるか」という点から考えると、自分に合ったテーマがおのずと決まってくると思います。まずは、どういったことからテーマを探すことができるのかを考えていきましょう。

テーマを探す方法として、以下をあげることができるでしょう。

①普段の生活の中から探す
②大学の授業からヒントを得る
③本を読む
④人に相談する

それぞれについて見ていきましょう。まず,「普段の生活の中から探す」です。**我々の日常にはテーマのヒントがあふれています。**たとえば,家族や友人との会話の中で,あるいは,サークルやアルバイトなど,皆さんの日常に一番近いところで,ふと疑問に思うことや,もっと詳しく調べてみたいことは見つかるでしょう。そこからテーマを得ることができます。あるいは,ボランティア活動に参加してみて感じたことを卒論のテーマにすることもできるでしょう。テレビを見たり,雑誌を読んだりする中でもテーマを見つけることができるかもしれませんね。

つづいて,「大学の授業からヒントを得る」です。大学の授業は1コマ半期15回あります。実際に,大学にいるうちの多くの時間は授業を受けている時間でしょうから,そこにテーマの素がたくさんあるはずです。授業を受けている中で,**教員の話を聞いて疑問に感じたことや,頭に残ったことがあれば,それはテーマのヒントとなります。**また,授業内容そのものでなくても,教員の何気ない一言や授業中の雑談,あるいは,教員から紹介された本からも,テーマを見つけることができます。

そして,「本を読む」です。本の読み方については5章で詳しく紹介しますが,大学生である以上,本を読むことを日常生活の一部として欲しいと筆者らは考えています。この場合の本とは,授業の教科書や,授業のレポートのために読むことを指定された本ではありません。もちろん,漫画でもないです。自分自身の興味から,進んで読む本のことです。加藤(2009)は「僕もこの時期(筆者注:大学の4年間のこと)に読まなければ,青春の日が泣くと思う。本と共に起き,本と共に寝るような生活を,たとえ1カ月でもしても

らいたい。そう思うのは，僕もまた，青春の日にもどらせてもらえるなら，きっとそうするからである」と述べています。大学生ならば，週に1冊は本を読むことを目指してみましょう。**たくさんの本を読む中で自分なりの問題意識やテーマは自然と見つかるでしょう。**

最後に「人に相談する」です。まずは自分であれこれと考えてみて，試行錯誤するのが大切ですが，それでもどうしてもテーマを決めるまでに至らないこともあるでしょう。その場合は，人に相談してみましょう。本章冒頭のコラムのように，指導教員に相談してみるのもよいでしょう。指導教員はあなたのこれまでの勉強の様子を知っているでしょう。あなたがどんなことに興味があるのか，どんなテーマだったらやる気を持って取り組めるかといったことについて適切なアドバイスをしてくれるでしょう。指導教員の他にも，先輩に聞いてみるのもオススメです。大学によっては，大学院生がティーチングアシスタント（TAと略されます）として卒論指導に当たっているところもあります。その場合はTAの大学院生にどんどん相談してみましょう。大学院生は，すでに論文を書き上げた経験がある人たちです。どうやってテーマを見つけたらよいか，自身の体験をもとに語ってくれるでしょう。

あるいは，同級生や友人に聞いてみるのもよいでしょう。一緒に卒論に取り組んでいる仲間からの言葉は，教員や先輩の言葉よりも耳に残るものかもしれません。たとえ同級生から卒論のテーマについての具体的なアドバイスをもらうことができなくても，友人が自分と同じように卒論に悩み，向き合っていることを語り合うことは，あなたの卒論へのモチベーションを高めてくれるに違いありません。

テーマを深めるためには

　これまで，研究テーマを探すための方法を紹介してきました。しかし，テーマが決まったといってもいろいろな段階があります。たとえば，ある学生が「恋愛をテーマに卒論を書きたい」といったとします。その思いは大変結構ですが，「恋愛」ではあまりにも漠然とし過ぎています。**卒論として成立するためには，もっと具体的に，テーマを絞り込んでいく必要があります。**ここでは漠然としたテーマから，自分自身の，自分ならではのテーマへと深めていくための方法を紹介します。

　都築（2006）は「論文には，必ず，研究の内容と方法と対象が含まれています」と述べています。これは大きなヒントといえます。つまり，**テーマを深めていく際には，これら3つのキーワード，研究の内容と方法と対象を具体的にしていけばよいのです。**

先行研究を読む

　このためには，まずは自分のテーマ（漠然としたテーマ）に関する先行研究を集めてみることです。漠然としたテーマと，関連する先行研究をつなげる作業はそれほど簡単なことではないかもしれません。それでも，最初は手当たり次第に関係のありそうな先行研究を集めてみましょう。先行研究の集め方については3章を読んでください。本章冒頭で，よしこは「これまで誰もやったことがないようなテーマで卒論を書きたい。誰もやったことないんだから，先行研究も無いし，他の人の論文を読む必要も無い」といいます[3]。しか

（3）　しかし，よしこのこの意気込みは立派なものです。自分しかできない，↗

し，そんなことはありえません。**研究は過去の知見の蓄積の上に成り立つものです**。つまり，先行研究との関連，つながりで成立するものです。もし，先行研究も調べずに，「自分だけの大発見だ！」と思うと，大恥をかく可能性が高いので注意してください。たいてい自分だけが思いついたと思うようなことは，すでに他の誰かも考えているものです。

先行研究と関わることなく，たった1つの研究がぽつんと単独で存在するようなことはありえないのです。研究にガラパゴス諸島は(4)ないのです。まずはできる限りの先行研究を集めてみましょう。

先行研究を読んで自分の研究を深めていくためには，クリティカルシンキングを働かせて読むことが大切です（5章参照）。先行研究に書かれていることを無批判に受け入れてしまっては，自分なりの問題意識を持つこと，先行研究から自分なりのテーマを見つけることは不可能です。「なぜそうなのか？」「本当にそうなのか？」と

↗自分ならではの研究を追求していく姿勢というのはとても意義のあることです。関連して，ボトムアップ的な方法というものがあります。市川（2001a）によると，「興味のある対象について，行動観察をしたり，面接をしたりして，多くの情報を収集することからはじめ，そこから何らかの一般的な結論や，理論的な説明を作っていく」タイプの研究を，探索型研究，あるいは，ボトムアップ的研究といいます。

（4）ガラパゴス諸島とは，南アメリカ大陸の西に位置する島々のことです。大陸から離れているという地理的条件のため，独自の生態系が発達しました。このことを比喩に，世界標準とは異なる独自の発展を遂げた文化や技術のことを「ガラパゴス化」と呼びます。とくに日本の携帯電話はその傾向が強く，日本の携帯電話のことをガラパゴスケータイ（ガラケー）と呼ぶことがあります。

考えながら論文を読むようにしましょう。

　先行研究（論文）を読むときには，論文の構成を知っておくと便利です。論文の構成は，一般的に，問題，方法，結果，考察というものです。この中でとくに「考察」に注目してください。考察の中には「今後の課題」が書かれています。「今後の課題」とは，その研究の中で明らかにすることができなかったことや，その研究の問題点，限界点などが記されているところです。「今後の課題」を読むことで先行研究の到達できなかった地点がわかります。そして，それはまさに，新しい研究テーマの種であり，新たな問いを立てるヒントとなるものです。

　白井・高橋（2008）は，問いの立て方(5)の例として，①先行研究の知見をまとめ，不整合を見つけること，②先行研究の知見を拡張することを挙げています。先行研究の知見の不整合を見つけるとは，ある研究では「効果があった」，別の研究では「効果がなかった」と結果が報告されているような場合をいいます。このときは，どういう場合に効果があり，どういう場合に効果がないかを整理することから対処していくことになります。一方，先行研究の知見を拡張する方法はいろいろありますが，たとえば，研究対象を変えること（青年→子どもなど），方法論を変えること（調査研究→実験研究など）などがあります。

（5）　先行研究を読んで，そこから自分なりの問いを立てるということです。このことについては，苅谷（1996）が大変参考になります。とくに第3章の「問いの立て方と展開の仕方」は「なぜ？」という問いを展開していく方法を，具体例を挙げてわかりやすく紹介しています。

追試も立派な研究

　追試とは，先行研究どおりの手続きをなぞって同じことをしてみること（白井・高橋，2008）です。卒論では追試を行うことも立派な研究となります。市川（2001b）は追試の重要性を以下のように整理しています。

- 追試は自分で計画して研究を遂行するよい経験になる。
- 調査や実験をやってみることで新しい問題が生まれてくる。
- それらを発展させて全体を1つの論文とすればよい。
- 追試の結果はそれ自体有用な学術的情報でもある。

　一方で，都築（2006）は追試について以下のような意見を述べています。

- 追試は他人のアイディアを借りて書いた論文であり，誰にでもまったく同じ研究を行うことができる。
- いくら自分で研究データを集めて論文を書いても，研究の枠組み自体が他人のアイディアだから論文の独自性はきわめて脆弱である。
- たった一度しか書かない論文だからこそ，自分にしか書けない論文を書いたほうが良いし，自分にしか実行できない研究をしたほうが良い。

　これらは追試のオリジナリティの低さについて言及したものであり，卒論であっても，自分ならではの特徴，つまり，オリジナリティを持つべきであるという都築の主張が現れているといえます。

　卒論について，市川（2001b）は「卒業研究は，通常の場合，自

ら計画をたてて研究をすすめていく初めての経験であろうから，方法論的にはオーソドックスなやり方を確実に身につけることを目標におきたい。その中で，テーマの斬新さ，実施や分析の創意工夫などを考えて欲しい」と述べています。**卒論に取り組むには，なによりもまずは調査や実験など，研究法についての基礎的な勉強をしっかりと行うことが大切**です。そうした基礎を踏まえた上で，先行研究を丁寧に読み込み，**先行研究と違うオリジナルな視点を自分の研究へ1つでも加えられたら卒論としては十分なレベルに到達した**といえるのです。

テーマを深めるためのアクション

上記ではおもに，先行研究を読むことによって，研究テーマを深めていくことを紹介しました。テーマを深めるという作業を遂行する上で，重要な行動は以下の3つです。これらを意識して実行するようにしましょう。そうすれば，テーマは徐々に深まっていくはずです。

・情報を集める
　（3章で紹介する）
・批判的に読む
　（5章で紹介する）
・批判的に聞く
　（1章で紹介した）

情報（具体的には先行研究）を過不足無く集め

テーマを決めるための3つのステップ

コラム　テーマのよしあしについて

　本章では,「テーマの決め方」について述べてきました。ところで,「決めたテーマが良いかどうか」という点も実際には重要な視点となります。自分が取り組んでいるテーマが「良いテーマである」「良い研究である」と評価されることは,その研究に打ち込むモチベーションにもつながるでしょう。

　このことに関して,市川（2001a）の「良い研究とは何か」の議論が大変参考になります。市川（2001a）は,情報的価値と実用的価値のある研究が良い研究であるとしています。「情報理論」の考え方では,情報的価値は「意外性」と「確実性」によって規定されます。情報的価値のある「良い研究」とは,「一見意外と思われることを,確実な方法で明らかにしている研究」であるといいます。

　また,研究の実用的価値とは,研究で得られた知見や理論を応用することで,私たちの生活に利益をもたらすことができることをいいます。白佐（1980）は「どんな研究でも,究極的には人々の幸福と社会の福祉に貢献しようとする意図のもとに始められるものでなければならない」と述べています。研究は社会的な営みであり,コミュニケーションの手段でもあります。自分が面白ければそれでよいという独りよがりな考え方ではなく,「自分のやっていることが誰かの役に立つものになればいいな」という思いを持ちながらテーマを選び,テーマに取り組んでみてはいかがでしょうか。

（6）　とはいえ,まずは自分が面白いと思えることが大事ですけど。

ること,そして,集めた先行研究を批判的に読むこと,さらには,教員や先輩に卒論について相談すること,そして,その際にも批判的に聞くという姿勢を忘れないこと,これらが卒論に取り組むとき,とくにテーマを深める段階では重要な行動となります。

たとえば、「恋愛についての研究」の場合、先行研究の知見を踏まえて、①内容：友人関係や親子関係の認知と恋愛行動がどのように関連するのか、②方法：質問紙調査を用いる、③対象：女子大学生、とテーマを具体化したとします。すると、「女子大学生の友人関係・親子関係の認知と恋愛行動との関連についての調査研究」というテーマを設定することができるでしょう。こうして設定されたテーマは具体的であり、テーマを聞いただけでどういうことをやろうとしているのかがわかるものとなっています。そして、このテーマはそのまま卒論のタイトル（研究題目）として使えそうです。**研究テーマを深めるという作業をすることで、研究のタイトルも自ずと決まってくるのです。**

卒論のテーマの決め方（実際の卒論生をモデルにして）

ここでは、大学4年生が卒論のテーマを決めるまでの試行錯誤の様子を、実際の学生の例をもとに紹介します。

① IR さんの場合（日常生活の中からヒントを得たパターン）

IR さんは3年生でゼミに所属したときから、音楽心理学に興味があると言っていました。彼女は、あるミュージシャンの大ファンで、そのミュージシャンのライブがあると日本中を旅するような人でした。そこで、卒論で扱う内容として迷うことなく音楽心理学を選びました。ただし、音楽心理学という大まかな内容はすぐに決まりましたが、それを研究テーマとしてより具体的なものにしていく段階で、IR さんは非常に苦労しました。音楽心理学がやりたいという強い思いは、指導教員である筆者にも伝わってくるのですが、

実際に彼女が考えてくる内容は卒論のテーマとなるまで高められたものではなかったのです。何度も試行錯誤をする中で,彼女は自分がやりたいことのモデルとなる先行研究を見つけます[7]。最終的には,その研究をモデルにして,実験条件を変えて自分なりの仮説を立てることができ,研究を遂行することができました。

② HK さんの場合(大学の授業からヒントを得たパターン)

HK さんは,大学の授業(社会教育実習)で,地域の公民館へ出向き,そこでお年寄りと触れあうという実習を経験しました。その実習の経験から,高齢者を対象とした研究をしたいと思うようになったそうです。そこで,老年期の心理学について勉強を進め,高齢者の知恵をテーマにすることとしました。これまでの先行研究では,高齢者の知恵を測定するためにインタビュー調査が用いられていましたが,それを質問紙調査で実施することを試みました。さらに,質問紙調査で測定された高齢者の知恵と,他の心理的指標との関連を検討しました。

③ KH さんの場合(先輩のアドバイスからテーマを絞ることができたパターン)

KH さんは,卒論でやってみたいことが多すぎて1つに絞れないでいました。KH さんの「やりたいこと」を筆者が聞いてみたとこ

---

(7) その先行研究は,松本じゅんこ(2002).音楽の気分誘導効果に関する実証的研究―人はなぜ悲しい音楽を聞くのか 教育心理学研究,**50**,23-32.というものでした。

ろ，いろいろな内容が出てきました。それらはどれも，人間関係（友人関係や恋愛関係，親子関係など）に関わることであるということが共通していました。そこで，社会心理学を研究テーマとしている大学院生のところへ相談に行くように伝えました。KHさんは，大学院生のアドバイスをもとに，自分が卒論として取り組みたいことを絞り込むことができました。大学生のカップルの相性をテーマに決め，カップルの相性タイプの違いにより，恋愛観にどのように違いが出るか，質問紙調査法を用いて研究しました。しかも大学生カップル150組もの調査を行うという，卒論としては規模の大きな研究をやり遂げたのです。

④ OYさんの場合（先行研究を読む中でテーマを見つけることができたパターン）

OYさんは教育心理学の中でもとくに教育評価に関心があり，大学3年生の間はゼミの勉強で，教育評価に関する書籍や論文を読んでいました。卒論のテーマも教育評価に関連することを考えていました。しかし，教育評価，とくに，自己評価を扱った先行研究を探していく過程で，教育実習をテーマとする研究に出会います（教育実習生の実習に対する自己評価についての研究を見つけました）。そこから，教育実習を扱った研究に関心を持ち，さらに先行研究を読み進める中で，自分自身のテーマを絞り込んでいくことができました。

実際の卒論生が自分のテーマを決めていく過程をいくつか紹介してみました。テーマの決め方は人それぞれでいろいろなパターンがあることが実感できたのではないでしょうか。みなさんも自分なり

の方法でテーマを決めてください。そして、テーマが決まったら、そのテーマに取り組んでいくこととなります。発見した課題を解決する段階へとステップアップしていくのです。テーマへ取り組むための方法（先行研究を調べたり、文献を読んでいく方法）については、次章以降で詳しく解説することにしましょう。

コラム　大学院生の研究テーマの決め方

博士課程の院生 KM 君の場合

　KM 君は、ダニエル・ゴールマンの『EQ』という著作を読み、その中に描かれていた情動や感情など心の在り方が、その人の人間関係や生活を豊かにする様子にとても感心したそうです（注：テーマを探す方法の「本を読む」）。このことがきっかけで、KM 君は専攻としていた情報教育ではなく、心理学で卒業論文を書こうと考えたそうです。しかし、もともとは情報教育専攻だったため、自分が関心を持っているテーマが心理学の中でも、どの研究領域で研究されているのかよくわからない状態だったそうです。そこで、当時受講していた心理学の講義の担当教員に質問することで、自分の関心が社会心理学の研究領域と関連が深いことを知ります（注：テーマを探す方法の「人に相談する」）。そして、学部 3 年生になり、社会心理学を専門とする教員のゼミへ所属することになりました。ゼミでは、社会心理学の入門書を講読し、どのような分野が存在するのかを学んでいきました。ゼミでの学びを通して、「私たちの何気ない（あまり意識されない）日常の対人関係の在り方や習慣が、私たちの価値観や行動を変化させていく効果や、他者からの印象を形成していく効果について学びとても興味を持ちました」と KM 君は言います（注：テーマを探す方法の「大学の授業からヒントを得る」）。KM 君は、自分の興味・関心についての漠然とした内容を指導教員に話し、関連する研究や文献を紹介してもらいながら徐々にテーマを具体的に絞り、最終的には指導教員と話

し合いながら，日常的な友人間コミュニケーションの在り方とソーシャルサポートとの関係を検討することを卒論のテーマに決めました（注：テーマを探す方法の「人に相談する」）。大学院に進学後は，「友人間コミュニケーションのあり方の個人差はどのように形成されるのか」，そして，「教師と生徒との関係において日常のコミュニケーションのあり方が，教師の指導力（生徒による教師の受け入れ）にどのような影響を及ぼすのか」というテーマについて研究を行っているということです。

上記のKM君の話には，本章の「テーマを探す方法」「テーマの深め方」で紹介した方法がたくさん出てきていることがわかります。KM君はテーマを探す方法を複合的に組み合わせて実施することで，自分の研究テーマを深めていくことができたのです。(8)

博士課程の院生 UA さんの場合

ここでは大学院生のUAさんに聞いた卒論のテーマ，さらに，参考までに，大学院での研究テーマの決め方について紹介します。

「卒論では音楽の記憶と好き嫌いについての研究を行った。私はよく音楽を聞く。定期的に，昔よく聞いていた音楽を無性に聞きたくなり，聞いては当時のことを思い出す。そのようなときに，なぜ，昔聞いていた音楽を聞きたくなり，その音楽を聞いていた当時のことを自然に思い出すのだろうと疑問に思っていた。このような，音楽に対する素朴な疑問もあって，卒論では，所属する記憶の研究室の先行研究の内容を，音楽を用いて追試するという内容であった。上記の疑問を直接検討するものではなかったが，音楽に対する理解が深まったと思う」。

ここまでがUAさんが卒論のテーマを決めるまでの経緯と，実際に卒論でどのような研究を行ったかについてです。本文で紹介した「テーマを探す方法」の「普段の生活の中で探す」であることがわかります。さらに「テーマを深める」段階では，卒論は「先行研究の追試」という形を取ることを決めています。ただし，研究における材料

を先行研究で用いられたものから音楽へと変えることで、単なる追試ではなく「先行研究の知見の拡張」を行っていることがわかります。

ところが、UAさんは大学院の博士課程への進学を機に、それまでの研究テーマを大きく変更するという決断を下しています。その背景にはUAさんの中でどのような考えがあったのでしょうか。さらにUAさんの言葉を引用してみることにしましょう。

「現在は、うつ病や不安障害の効果的な治療法の検討を目指し、記憶、注意や意識と感情の関係について基礎的な研究を行っている。博士課程に入り、研究室で扱っている研究内容ではなく、自分らしいテーマで研究をしたいとよく考えるようになり、テーマを思い切って変更した。新しいテーマでは、もともと自分が心理学を学ぼうと思った動機を大事にするようにした。私は、不登校や心身症などに関心があり、学部のときはスクールカウンセラーや臨床心理士として支援をしたいと思っていた。そこで、不登校児童・生徒や精神疾患の患者さんにとって、役に立つ研究という視点でテーマを探し始めた。しかし、いろいろな文献を読んだり、先生方からアドバイスをもらったりしても、なかなかしっくりくるテーマが見つからなかった。なぜ、しっくりこないかを考えた結果、それらの研究手法が私にはあっていないことに気づいた。私はこれまで、厳密に統制された実験室で行う実験手法を好んで、基礎的な記憶の研究を行ってきた。そこで、研究手法自体は基礎的な実験という方法ではあるが、研究の目的が応用志向の高い現在のテーマにたどり着いた。現在のテーマと卒論のテーマでは異なる部分も多く、分野自体も異なる。しかし、実験室で行う基礎的な研究である点、情緒的なものと記憶と意識を扱っているという点では根本的な部分は変わっていないと思っている」。

いかがでしょうか。UAさん本人の了承を得た上で、ほぼUAさんの言葉をそのまま引用させてもらっています。博士課程の大学院生の言葉ということで、難しいと感じる人もいるかもしれません。しかし、UAさんが卒論・修論のテーマから現在の研究テーマへと変更する過

程や，テーマが変わっても共通する部分があるところなど参考になることも多いのではないでしょうか。

---

(8) 最終的には，KM君の場合，最初の興味関心であったEQからはテーマが離れていったことになります。しかし，そのように，自分の知識が深まるにつれて興味関心が変わってくることはよくあることです。

5月下旬，研究室での教員と指導学生との会話です。

よしこ：「先生，もう4年生になって2ヶ月近く経ちましたが，まだ卒論のテーマが決まりません」

山林先生：「そんなに簡単に決まるものではないけどね。やっぱり，まずは自分の興味のあるテーマについて論文を読んでみることじゃないかな」

よしこ：「そうですよね。私もそう思っていました！」

山林先生：「そ，そうだね（どうしたんだ？ こないだと全然違うぞ）。で，何か面白そうな論文は見つかった？」

よしこ：「やっぱり，私は授業で習った『メタ認知』について興味があるんです。でも，どの文献を読んでよいかわからなくて……。先生，よい文献があれば紹介していただけないでしょうか」

山林先生：「そうなんだ。だったら，よい論文があるよ。これはね，清河先生と犬塚先生が書いた…」

よしこは，卒論のテーマを探すために，「大学の授業からヒントを得る」ことができたようです。さらに，「人（この場合は指導教員）に相談する」ことで，よいアドバイスがもらえたようですね。これから卒論を進めていくことができそうですね。

本章のまとめ

テーマを見つけるということ
　①テーマを決めるのは難しい
　②大学生として要求される自立的な学びである
　③ハードルは高いけど面白い

テーマを探すには
　①普段の生活の中から探す
　②大学の授業からヒントを得る
　③本を読む
　④人に相談する，といった方法がある

テーマを深めるためには
　①研究の「内容」と「方法」と「対象」を具体的にしていけばよい
　②そのための行動として，「情報を集める」（3章），「批判的に読む」（5章），「批判的に聞く」（1章）があげられる

引用文献

市川伸一（2001a）．心理学の研究とは何か　南風原朝和・市川伸一・下山晴彦（編）（2001）．心理学研究法入門―調査・実験から実践まで　東京大学出版会　pp.1-18.

市川伸一（2001b）．研究の展開―研究計画から発表・論文執筆まで　南風原朝和・市川伸一・下山晴彦（編）（2001）．心理学研究法入門―調査・実験から実践まで　東京大学出版会　pp.219-240.

苅谷剛彦（1996）．知的複眼思考法　講談社
加藤諦三（2009）．大学で何を学ぶか　ベスト新書
松本じゅんこ（2002）．音楽の気分誘導効果に関する実証的研究——人はなぜ悲しい音楽を聞くのか　教育心理学研究，**50**，23-32.
白井利明・高橋一郎（2008）．よくわかる卒論の書き方　ミネルヴァ書房
白佐俊憲（1980）．研究の進め方・まとめ方——学生・初心者のためのガイドブック　川嶋書店
都築　学（2006）．心理学論文の書き方——おいしい論文のレシピ　有斐閣アルマ

3章　情報収集力

> 　6月上旬，研究室での学生たちの会話。
> まゆみ:「卒論のテーマ，もう決まった？」
> よしこ:「うん，『メタ認知』にしようかなって思っているんだ」
> まゆみ:「へえ，テーマが決まってよかったじゃん」
> よしこ:「でもね，ちょっと困っているんだ」
> まゆみ:「どうしたの？」
> よしこ:「山林先生から，論文を紹介してもらったんだけど，どうやってその論文を探せばいいかわからなくて……。私，図書館とかほとんど使ったことないし」
> まゆみ:「そっか。でも私もよくわからないなあ。本だったら探せそうだけどね。論文ってどうやって探すんだろう？」
> よしこ:「まあ，悩んでいてもしょうがないから，とりあえず，図書館に行ってみようかな」
> まゆみ:「うん，私も一緒に行って，探すの手伝ってあげるよ」

　さて，2人は無事，お目当ての文献にたどり着けるでしょうか？
　大学では，レポートや卒業論文を筆頭に，文章を書く機会が頻繁にあります（6章参照）。その際，テーマに関する事実を適切に調べることが求められます。そこで，本章では，情報収集のコツ，文献検索と収集の方法，図書館の使い方を学んでいきましょう。

3.1　情報収集力とは何か？

インターネットが普及していなかった時代は，情報を簡単に入手できなかったので，物事をよく知っている人が重宝されました。ところが，今では誰でも，コンピュータを使えば膨大な情報を瞬時に手に入れられるようになりました。でも，価値が低い情報をいくら集めても，読む時間が無駄に増えるだけですよね。現代では物事をよく知っていることよりも，価値の高い情報を探し出せることの方が重要な時代になったのです（野口，2001）。この価値の高い情報，つまり**「自分にとって必要な情報を的確に探し出せる能力」**こそが，本章で紹介する「情報収集力」です。

優れたレポートや論文を書けるかどうかは，わかりやすい文章を書くスキルが重要なのはもちろんですが，それに加えて「価値ある情報を収集できるかどうか」にかかっています。もちろん，情報収集力は大学時代だけでなく社会に出ても必要とされる能力です。上司から新しい企画を求められたら，その企画に関連した価値のある情報を集めなければなりません。大学生の間に情報収集力を高めて，いつでも使えるようにしておきましょう。

3.2　情報収集の基本

まず，情報収集の基本として，次の3点を意識しましょう。

　①用語を調べる

②複数の情報源にあたる

③メモをとる

　第1は，**用語を調べる**ことで，これは情報収集のスタートにおいて重要です。インターネットに限らず，本や雑誌，新聞記事など，世の中には膨大な情報があふれています。やみくもに調べ始めても，途方に暮れてしまいます。そこで，小笠原（2003）では，考え方を変えることを提案しています。**「必要な情報を探す」**というよりも，**「必要な情報に出てきてもらう」**ようにするわけです(1)。獲物を探す例でいえば，山の中をあてもなく探してさまようのではなく，行動を予測して追い込んだり，出てきそうなところで待ち伏せするやり方を考えるわけですね。そのためには，最初に用語の正確な意味や関連事項を確認することが大事です。これを怠ると，的外れな情報を集めてしまうことにもなりかねません。

　第2に，情報を調べる際は，**複数の情報源にあたって確認すべき**です。英語のことわざに，"Don't put all your eggs in one basket." があります。これは「1つのかごに卵を全部入れてはダメ（＝衝撃を受けるとすべて割れてしまうので，複数に分けて保管すべき）」という意味です。つまり，**リスク（危険性）を低減する最善の方法は「複数にする」**ことなのです。同じようなことは，情報収集にも言えます。たとえば，新聞から情報を得る場合に，情報源として1つの新聞しか調べていないと，誤りや偏りのある情報を得てしまうか

（1）　小笠原（2003）では，インターネットが例なので，「役に立つサイトを探す」「役に立つサイトに出てきてもらう」と表記されています。

複数の情報源にあたってみよう

もしれません。複数の新聞をチェックし，比較することで，誤りや偏りに気づくことができます。ですので，何かを調べる際は，複数の情報源にあたる癖をつけておきましょう（コラム参照）。

第3に，調べた情報はかならずメモをとるようにしましょう。人間の記憶力は弱く，すぐに忘れてしまいます。(2)辞書や事典で調べた言葉をメモしておくことが大切です。また，本や論文を読んでいて，大事だと思ったり，はじめて聞いた言葉などもメモしておきましょう。さらに，取ったメモはなるべく1つの場所にまとめて拡散しないようにしておきましょう。これは，4章で紹介する野口悠紀雄氏の「ポケット1つ原則」です（野口，1993）。

3.3 インターネットを使った情報収集

今や多くの人がインターネットを使い，GoogleやYahoo!などの

（2） これは人間の認知の特徴についての知識と考えられ，このことを覚えておけば「メタ認知（的知識）」となります（0章参照）。

コラム　新聞に注意しよう

　レポートや論文をまとめていく上で，新聞はもっとも重要な情報源の1つとなりますが，新聞社の方針があるため，そこで紹介される情報には歪みがある可能性を考えておくべきです。試しに，図書館などで，ある同じ日の新聞の1面を複数の新聞で見比べてみましょう。新聞社の間で，取り上げる内容に大きな違いがあるだけでなく，同じ内容でも扱うスペースの大小や賛否の違いがあることに気づくでしょう。

　経営コンサルタントの大前研一氏は，紙媒体の新聞は読まず，代わりに，毎朝インターネット上から自動でダウンロードする多量の記事に目を通すそうです（大前，2009）。このときの記事には，文字の大きさやフォントに違いがなく，均一に並んでいるため，新聞社の意図に惑わされず，記事の重要性を自分で判断できるそうです。

　私たちが，大前氏のような方法をとるのは難しいですが，知らず知らずのうちに特定の新聞社の立場に影響されないように，複数の新聞を比較する（複数の情報源にあたる）癖をつけておきましょう（リスクを低減できます）。

検索サイトで情報探索をする時代なので，レポートや卒論を書く際にも，まずはインターネットにアクセスするという人が多いでしょう。しかし，多くの人は検索ボックスにキーワードを入れるだけという使い方をしているのではないでしょうか。じつは，もう少しスキルを上げるだけで飛躍的に情報収集力はアップします。ここではその方法を2つ紹介したいと思います。

情報収集力をアップさせる方法

　情報収集力をアップさせる1つ目の鍵は，**検索する用語について**「自分がどの程度知識を持っているかを把握」して，「どういうサ

イトで調べればよいかあたりをつける」ことです。

　たとえば，「クローン」という言葉を聞いたことがあるでしょうか。理系の分野に関心のある人は知っていると思いますが，関心のない人だとピンとこないかもしれません。しかし，そうした場合でも，国語辞典を調べれば「遺伝的に同一である個体や細胞のこと」だとわかります。そうすれば，クローンに関することを調べるには，生物学関連のサイトを調べればよいとあたりをつけることができるので，「クローン」という名前の人物に関するサイトを長々と見てしまうといった的外れな行動を避けられます。⁽³⁾

　つまり，言葉の意味そのものがわかっていないと気づけば，まずは国語辞典で確認してから情報検索に移るべきなのです。逆に，「クローン」という言葉を聞いて，自分は知っていると判断できれば，検索サイトから情報を集めればよいでしょう。百科事典など「事典」⁽⁴⁾を調べて，現象や概念を頭に入れ直してもかまいません。

　ここで，「自分がどの程度知っているのかを意識する」のはメタ認知（的活動）です（0章参照）。つまり，メタ認知を働かせれば，理解度に応じて情報収集の開始位置を柔軟に変え，無駄や的外れな行動を避けられます。また，自分の調べたい内容に触れていない文

（3）　これは，筆者（林）がかつて担当した「大学基礎講座」という授業（藤田，2006）で，実際にあった例として紹介されたものです。
（4）　「辞典」と「事典」には違いがあります（澤井，2006）。辞典（辞書）は，「ことば」について，音や意味，用例などを説明している図書です。日本語を説明しているのは国語「辞典」です。これに対して，事典は，物事について説明した図書です。百科「事典」は，世の中のさまざまな事柄を説明しています。

献やサイトは無視してよいという独自の判断ができるようになると，検索の効率性や正確度が増します。前節で述べた「必要な情報に出てきてもらう」という考え方は，「自分がどの程度知識を持っているかを把握」して，「どういうサイトで調べればよいかあたりをつける」ことで実践できるのです。

情報収集力をアップさせる2つ目の鍵は，検索後に**「情報の質を確認する」**ことです。インターネットの情報は，本や雑誌と違って，各自が自由に発信できる余地が大きいため，それだけ情報の信憑性が下がります。誰かが意図的に偽の情報を流すのも簡単です。検索で引っかかった情報を掲載しているのはどういうサイトか，企業か，個人か，背後に特定の団体が存在していないか，サイトで公開している情報について引用元を明示しているか，情報はいつ掲載されたものか，頻繁に更新されているか，といったことに注意を払いましょう（これは，クリティカルシンキングを働かせることにつながります。0章と7章を参照してください）。「情報収集の基本」の2つ目で挙げたように，複数の情報源にあたるようにして，情報の誤りや偏りを減らすことも大切です。こうした注意を払うことで，質の高い情報を集めることができるようになり，情報収集力の精度を高めていけます。

辞書機能を使う

具体的に情報収集の手順を見てみましょう。まず，「用語を調べる」際は，言葉そのものの理解があいまいな場合，簡単な語句調べから始めて，しだいに専門的に調べていきます。つまり，国語辞典など「辞典」を駆使して，**ことばの意味や表記**を確認しながら，百

科事典など「事典」を調べて，広く**現象や概念を頭に入れていきま****す**。ただし，日常用語と専門用語で調べる対象が違います。たとえば，「メタ認知」という言葉は心理学用語なので，国語辞典などには載っていません。そこで，専門領域の辞典や事典（『心理学辞典（事典）』）を調べる必要があります(6)。一方，「認知」は日常的にも使われる言葉ですから，国語辞典でも載っています。

　用語を調べる作業は，**インターネットを使うことで，系統立てて****調べることが可能になります**。Yahoo!（https://www.yahoo.co.jp/）やgoo（https://www.goo.ne.jp/）など主要な検索サイトには，辞書機能があり，たとえば「認知」という言葉を入力すれば，たちどころに意味がわかります。でも，これは紙の辞書や電子辞書でも可能なことですよね。インターネットの辞書機能の強力な点は，

①**複数の辞書を一度に検索できること**
②**関連する言葉を多角的かつ容易に調べることができること**
③**調べる時間を大幅に節約できること**

にあります。たとえば，Yahoo!の辞書機能（https://dic.yahoo.co.p/）には，国語辞典や英和辞典など複数の辞書があります。収録語数も

（5）　話が少しそれますが，学生のレポートや論文を見ていると，言葉や人名の表記の間違いが多いです。引用した著者名の表記（たとえば，「さいとう」では，「さい」の違いで「齋藤」「斎藤」「斉藤」「齊藤」があります）を間違えると失礼です。また，テーマの鍵となる学問的重要用語も間違えないように，正確な表記に注意を払うようにしましょう。
（6）　「心理学辞典」は専門用語が解説されたものです。「心理学事典」は用語の説明もありますが，ある現象について詳しく内容を説明しているものです。

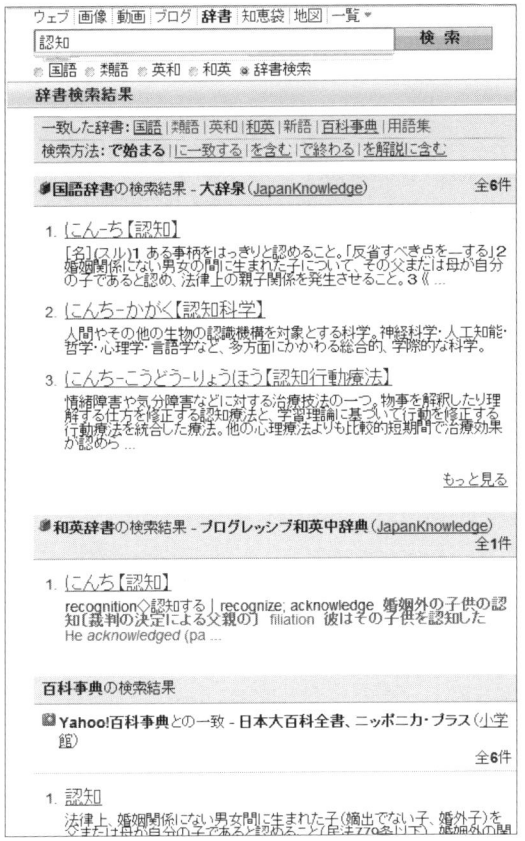

図3-1 検索サイトの辞書の例(Yahoo!)(画面を一部編集した)

多く，学生がふつうに勉学をする分には十分な質と量といえるでしょう。初期設定で「すべての辞書」が選択されているので，「認知」という言葉を入力すれば，国語辞典や和英辞典，Yahoo!百科事典など，該当するすべての検索結果を表示してくれます（図3-1）。

また、検索ボックスの右横に次の5つの選択肢が用意されており、「認知」という言葉で例示すると、

- 「で始まる」…「認知〜」の言葉を検索（例：「**認知**科学」）
- 「に一致する」…「認知」という言葉のみを検索
- 「を含む」…「認知」が単語のどこかに含まれる言葉を検索
　　　　（例：「軽度**認知**障害」）
- 「で終わる」…「〜認知」という言葉を検索（例：強制**認知**）
- 「を解説に含む」…「認知」が説明文中に含まれる単語を検索
　　　　（例：「アルツハイマー型認知症」…「認知症のうち、…（中略）…神経細胞が変性・脱落して脳が萎縮することで認知能力が低下するもの」）

というように、関連する言葉を一気に検討できます。

　このように、インターネットの辞書機能は、複数の辞書を調べられるだけでなく、検索方法を変えれば、関連用語を根こそぎ調べることができるので、紙の辞書を順番に調べていくのと比べて、大幅に時間を節約できます。少しでも不明な言葉があれば、インターネットの辞書機能を使って語彙力を豊かにしましょう。

検索サイトを使う

　辞典や事典を活用して用語の概要が頭に入れば、次はそれらをキーワードにして、検索サイトでさまざまなサイトを調べてみましょう。このとき、AND検索、OR検索、NOT検索、フレーズ検索、画像検索の5つの方法を使いこなすようにしましょう。これだけで必要な情報の多くが手に入るようになるはずです。

3章　情報収集力

AND検索　　　　　　OR検索　　　　　　NOT検索

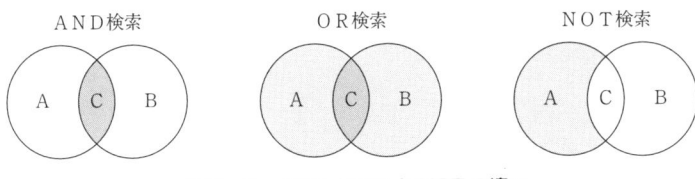

図3-2　ANDとORとNOTの違い

① AND検索…複数の検索語すべてが含まれるものを拾い出す
② OR検索…複数の検索語の少なくとも1つが含まれるものを拾い出す
③ NOT検索…特定の検索語を含むものを除いて拾い出す

3つの検索の違いは図3-2のようになります。たとえば、「教育」(A)と「心理」(B)というキーワードをAND検索すると、両方のキーワードを含む「教育心理学」など(C)がヒットします。(A)「教育」と(B)「心理」というキーワードをOR検索すると、(A)と(B)のどちらかを含むものはもちろん、両方のキーワードを含む(C)もヒットします。「教育」(A)を先に指定し、NOTで「心理」(B)を追加すると、「教育」というキーワードを含むものの中から、「心理」を除いた残りのものがヒットします。つまり、「教育心理学」などは除外され、「大学教育」などがヒットします。

それぞれの入力方法ですが、GoogleやYahoo!など多くの検索サイトで「スペースで区切る」とAND検索になりますので、「教育　心理」と入力すればよいです。OR検索では、半角の大文字のORを入力し、「教育　OR　心理」と入力します。NOT検索では、「教育　-心理」というように、除きたい語の前に「-」(マイナス)をつけます。

OR検索はヒット数が増えるので,「教育」と「心理」のように違った用語を組み合わせて使うメリットはないのですが,同じ用語だけれども,漢字とひらがなが混在していたり,外国語の日本語読みなどで,「表記のユレ」がある場合に威力を発揮します(7)。作曲家のBeethovenは,日本語では「ベートーベン」と記されたり,「ベートーヴェン」と記されることもあります。このような場合に,

　　ベートーベン OR ベートーヴェン

と入力をすることで,漏れなく検索できるのです。

　さらに,長い言葉を検索する際は,検索サイトの方で勝手に単語に区切って検索するので,まとまった**用語や語句を調べる場合は,次のフレーズ検索を使いましょう。**

　④フレーズ検索…半角の二重引用符""で囲むことで,言葉の語順を固定する。AND検索では,位置に関係なく拾うのに対して,検索語の順序で検索できる

　たとえば,「教育心理」で検索すると,教育心理が含まれているものだけでなく,教育と心理が離れていたり,「心理教育相談室」のように語順が逆のものも拾い出し,AND検索に近いものとなります。しかし,半角の二重引用符""で囲んで,「"教育心理"」として検索をすると,「教育心理」に一致するものだけを拾い出します。**フレーズ検索は,強力で役に立つので,ぜひ使ってみてください。**

（7）　検索エンジンでは,このような表記のユレにもある程度対応するようになってきていますが,知っておいて損はないでしょう。

3章　情報収集力

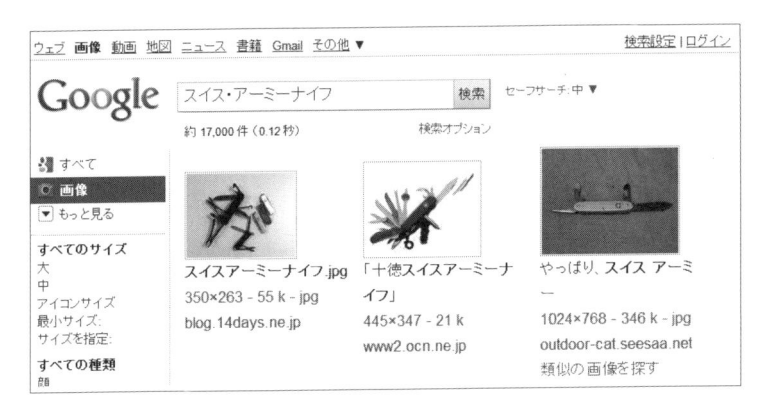

図3-3　画像検索の例（Google）

　さらに、イメージのわきにくい用語を把握する場合も検索サイトは役立ちます。たとえば、次のような文に出会ったとしましょう。

> 心理学者は心になぞらえるものとして新しいものを用いるようになった。スイス・アーミーナイフのようなものだというのだ。
> ミズン（1998）『心の先史時代』より

　このとき、「スイス・アーミーナイフ」とはどんなものか、イメージがわからなかったとしたら、画像検索の出番です。

⑤画像検索…検索語に関連する画像を選び出す（図3-3）

　通常の検索方法と同じで、Googleでは、左上の方にある「画像」をクリックすると、画像検索に切り替えることができます。

　画像検索の結果、スイス・アーミーナイフとは、小さなボディに、缶切りやハサミやナイフなどがついた多機能な折り畳みナイフであるとわかります。そこで、上の文の意味として、「人の心は、たく

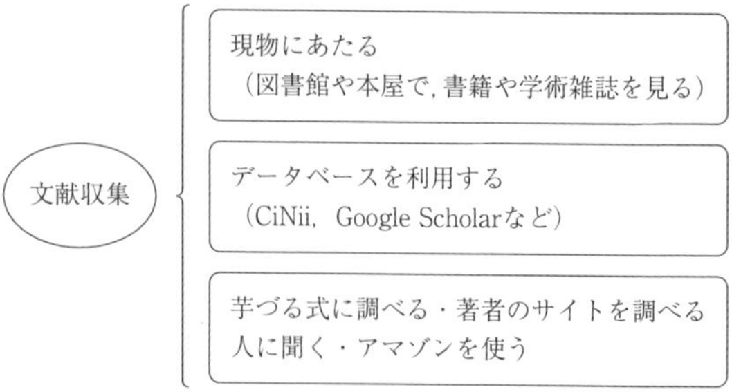

```
文献収集 ─┬─ 現物にあたる
          │   (図書館や本屋で、書籍や学術雑誌を見る)
          │
          ├─ データベースを利用する
          │   (CiNii、Google Scholarなど)
          │
          └─ 芋づる式に調べる・著者のサイトを調べる
              人に聞く・アマゾンを使う
```

図3-4　文献収集の方法

さんのことに対応できるように分かれている」と著者が言おうとしているのだとわかるでしょう。

3.4　文献検索と収集の方法

　前節では、「情報収集」の方法やコツを紹介しました。本節では、論文や図書を集める「文献収集」の方法を考えてみましょう。

　研究には何らかのオリジナリティが重視されます。オリジナリティを明確にするには、**従来の研究と比べてどこが新しく優れているのか**を説明する必要があります。そのためには、**研究テーマについて文献を収集し、過去の成果を把握**しなければなりません。これができていないと、注目した問題が既に明らかになっていたり、方法論的におかしなものとなりえます（2章参照）。先行研究を収集し、読みこなすことで、研究テーマについて何が問題となっているのか、どのような方法で解決していけばよいのかを学べます。それでは、文献をどのように集めていけばよいでしょうか。以下で、詳しく見ていきましょう（図3-4）。

現物からあたる方法

（1）概説書（入門書）を複数あたる

まず，大学の図書館や大きな本屋に行ってみて，実際に手に取り，探していく方法があります。目次や索引を活用して，自分の調べたいテーマやキーワードを探索する方法です。

その際，ある学問分野やテーマの内容を体系的にまとめた概説書からあたるとよいでしょう。たとえば，『社会学』『経済学概論』といった学問分野が書名に入っていたり，「心理学入門コース」などのようにシリーズ化されている概説書がたくさん見つかるはずです。学問分野を包括する概論書からは広い知識を探求できます。シリーズ化されているものは，『社会と人間関係の心理学』『認知と感情の心理学』というように研究分野に分けられているので，より深いレベルの知識を探求できます。

こうした概説書から，扱いたいテーマが学問的にどのような位置づけであるのかがわかり，知識の幅が広がります。テーマの位置づけの確認や知識の幅を広げる作業は，情報収集の段階はもちろん，レポートや論文を書き始めてからも，問題提起の部分や考察をまとめていく上で重要です。そこで，執筆を進めてからも，概説書を読み返すのは有益です。ただし，**概説書で扱われている内容は，その分野で定番となった知見なので，信頼はできる一方，最新の研究について言及されたものは少ない**ということを覚えておきましょう。

（2）学術雑誌を見る

卒論に取り組む際は，最新の研究についての情報を集める必要も出てきます。**最新の研究は，学術論文として公表されるので，専門的な学術雑誌を参照する**ようにしましょう。学術雑誌は，大きく

「学会誌」と「紀要」に分類されます。

学会誌は，各学問分野で学術研究の進展や情報交換を目的として組織されている「学会」が発行している学術雑誌です。たとえば，日本心理学会は『心理学研究』，日本教育学会は『教育学研究』を刊行して，それらの学会誌に，その分野の専門的な研究論文が掲載されています。これに対して，紀要は大学や研究所などが定期的に発行する学術雑誌です。『〇〇大学□□学部紀要』『〇〇大学大学院□□研究科研究集録』といったタイトルがついており，各組織に所属する研究者が執筆するため，分野はバラバラです。

学会誌は，その分野の専門家による審査を経て，一定の基準をクリアした論文だけが掲載されるので，質が保証されています。しかし，紀要は審査が無かったり，あっても緩い基準であることが多いので，掲載される論文の質はさまざまです。学会誌よりは質が低いことが一般的なので，**卒論に取り組む際は，学会誌を優先して調べると良いでしょう**。[8]

学術雑誌を調べていく際のポイントは次の3つです。第1は，**最新号からさかのぼって調べていくこと**です。より新しい文献なら，それまでの重要な知見が含まれているはずです。1989年にベルリンの壁が崩壊し，ヨーロッパの歴史や地理に大変革がありました。それより古い出版年の文献では，この影響が記されていません。また，学説は時代によって変化するので，古い文献だけを読むと，誤った

---

(8) もちろん，紀要に掲載された論文でも，質の高い論文はあります。とくに，学会誌が少なく，紀要が重視されている学問分野では，紀要を調べる価値が高まります。

知識をつけてしまいます。太陽系の惑星は長い間9個でしたが，2006年に惑星の定義が明確になり，冥王星が除外されたため，現在は8個が正しい知識になっています（今後，未知の惑星が見つかれば，この知識も変わるかもしれませんね）。

　第2は，一般の論文とレビュー論文の区別を知っておくことです。一般の論文は，専門的な問題を掘り下げてまとめたものです。一方，レビュー論文は，ある分野の研究状況を概観することを目的としたもので，「○○に関する研究の現状と展望」といったタイトルがつけられます。多くの文献を読みこんだ上で執筆されているので，**自分のテーマに関するレビュー論文が見つかれば，文献収集が大きく進みます**。レビュー論文は，学会誌で「展望論文」などのカテゴリーで掲載されることもありますし，レビュー論文だけを掲載する専門的な学術雑誌もあります（心理学では，『心理学評論』や『児童心理学の進歩』がそれです）。

　第3は，自分の関心に完全に一致する文献は見つかりにくいということです。学会誌に掲載される論文は，専門性が高いため，細かいレベルで問題をとらえたものとなります。ピンポイントで自分の関心に一致するものがなかなか見つからなくても焦らず，まずは少しでも関心に沿うものであれば，コピーをしておくとよいでしょう（6章のコラム（p.153）参照）。研究テーマを展開するヒントが得られるかもしれませんし，論文の書き方やまとめ方の参考になるからです。

書誌情報のデータベースを使う

（1）NDL-OPAC

書籍を探す場合は，国立国会図書館の蔵書検索システムであるNDL-OPAC（http://opac.ndl.go.jp/）が利用できます。OPAC（Online Public Access Catalog）とは，ネットワーク上で検索できる蔵書目録のことです。国立国会図書館を英語でNippon Diet Library（略してNDL）というので，その蔵書検索システムをNDL-OPACと呼ぶのです。国立国会図書館は，日本国内で出版されたすべての出版物を集めて保存しているため，網羅的に調べることができます。

（2）論文情報ナビゲーター

国内の雑誌論文を探すには，国立情報学研究所（NII）が管理している論文情報ナビゲーターCiNii（Citation Information by Nii,「サイニィ」と読む）（https://ci.nii.ac.jp/）が使えます（図3-5）。CiNiiでは，論文の書誌情報だけでなく，論文の要約が読めます。また，論文全体をPDFファイルで読めることもあります。たとえば，日本教育心理学会の学会誌『教育心理学研究』の論文もCiNiiで無料で読むことができます。とくに，大学の機関リポジトリ（大学が生み出した知的財産を公開するサイトを指す）が発達し，紀要論文はデータベース化され，公開されるようになりました。これらにリンクされることで，CiNii上で紀要論文を読むことができる機会が増えました。[9]

（9）研究を進める上では便利になりましたが，問題も考えられます。学生の様子からは，インターネット上に論文があれば，それで満足し，図書館で探してコピーをするという面倒を省く傾向も見られます。審査付きの学術論文は，まだネット上に公開されているものが少数（本文中の『教育心

3章 情報収集力

図3-5 CiNii（画面を一部編集した）

図3-6 Google Scholar（画面を一部編集した）

『理学研究』は例外です）のため，ネット上で閲覧できる紀要論文をもとに卒論を組み立てる機会が増えているとすれば，卒論の質が低下している可能性も懸念されます。

（3）Google Scholar

 Google の学術的な検索サービス（https://scholar.google.co.jp/）で，国立情報学研究所（NII）が，大学などに提供してきた学術論文データを Google による検索対象としたことより，国内の主要学術論文が Google Scholar からアクセスできるようになりました（図3-6）。加えて，Google が提供しているため，英語などの外国語の文献探しに強さを発揮します。PDF ファイルなどの文献や資料があれば，さまざまなウェブサイトなどに掲載されているものも拾い上げて，そのリンクが表示され，閲覧することができます。

その他の役立つ方法
（1）引用文献欄からたどる

 これまで紹介した方法で，いくつかの文献を入手できたら，ぜひ実施してほしい方法があります。それは，入手した本や論文の最後にまとめられている「引用文献」や「参考文献」欄にリストアップされている文献を手がかりにたどっていく方法です。「芋づる式」と呼ばれ，文献を読むたびに新たな文献を得ていくことができます。この方法は，確実で速いだけでなく，**複数の本や論文で引用されている文献は**，そのテーマに関する基本的で重要な文献であることもわかるので有益です。

（2）著者に関するホームページを探す

 Google などの検索サイトを利用して，直接，論文のタイトルや著者名を入れて調べることも有効です（フレーズ検索を使いましょう）。**著者がウェブページを作成していれば，入手しにくい論文や書きかけの原稿がアップされていることもあります。**著者のブログ

があれば，該当テーマに対する著者の考え方を知ることもできる場合があります。

（3）人に聞く

ゼミの指導教員や先輩に聞くという方法もあります。教員は教えることが仕事であり，向上心のある学生を嬉しく思うはずですので，質問に伺えば喜んで対応してくれることでしょう。ただし，1章で説明したように，教員に聞く場合には，あらかじめコミュニケーションの取り方を頭に入れておきましょう。

（4）アマゾンを使う

アマゾン（https://www.amazon.co.jp）は，インターネット上の書店であり，膨大な数の本（だけでなく日用品までも）を扱っており，在庫があればすぐさま入手することができます。近年は古書のマーケットも充実し，使い勝手はますます向上しています。

じつは，アマゾンは本の入手のサイトに使えるだけでなく，書籍検索にも効果的です。本の大まかな内容や質を判断する際に，「カスタマーレビュー」という一般読者の寄稿による書評が役立ちます。ただし，その内容をうのみにしてはいけません。個人的な感情で歪んだコメントも多々あります。**クリティカルシンキング（0章参照）を働かせて，カスタマーレビューの内容を見極めましょう。**

3.5 図書館の使い方

図書館利用のポイント

図書館を利用する上では，あらかじめ開館日程や開館時間を調べておくことが大切です。図書館は，書庫整理などで閉館されること

がしばしばあったりするのです。とくに、**学外の図書館に出向く場合は、無駄足にならないように、インターネットで開館時間を調べ**ておきましょう。

　図書館に行く前には、書誌情報を検索し、プリントアウトしておくとよいでしょう。自分で本を見つけられなかったり、書庫にある本で書庫に入室できない場合は、係の人にそのプリントアウトを渡せば、スムーズに調べてもらえるはずです。

　また、大学で試験が近づいたり、レポート課題が発表されると、関連する本が図書館から一斉になくなるものですので、早めに利用して、必要な本を入手しましょう。図書館員と仲良くなっておくのもよいかもしれません。レポートや試験が集中する学期末や卒論提出前は図書館員も忙しいはずですが、そうした忙しい時期にも親身になって、資料探しを援助してくれるかもしれません。

図書館での蔵書検索

　蔵書を検索する際はOPAC（Online Public Access Catalog）を使いましょう。最近は、学外からも利用できることがほとんどです。インターネットにアクセスできれば、夜中に自宅で文献探索もできますし、公立図書館や他の大学の蔵書を調べることもできます。必要な文献が、自分の所属する大学の図書館で所蔵されていなくてもあきらめてはいけません。他大学の図書館で見つかった場合は、文献複写サービスで論文のコピーを送ってもらうか、「現物貸借サービス」で現物を借りられます[10]。ただし、実費がかかります。

　また、最寄りの市区町村の公立図書館も利用できます。意外にも、**地区の図書館に、専門書や絶版書が所蔵されていることがあります。**

公立図書館の蔵書検索もインターネット上で可能になってきているので，大学図書館になかったり，借り出されていてすぐに入手できない本の場合は，公立図書館にもあたってみましょう。該当する自治体に居住していたり，通勤通学をしていれば利用可能です。

3.6 文献に関する感覚を磨こう

　実際に図書館に足を運ぶ癖をつけておくのは重要です。自分で図書館に足を運び，本や専門雑誌を探すと，自然に文献の所在を覚えます。また，目的の文献の周囲に並んでいる本も眼に入り，雑誌を借り出せば同じ雑誌に掲載されている他の論文のタイトルにも目を配ることになります。このような**一見すると無駄に見える周辺情報は，視野を広げるのに役立ちます**（東郷，2009）。インターネットの発達で，ピンポイントに目的の文献を探しだせるようになりましたが，逆に周辺情報に気づく機会が減っているのは残念なことです。

　同じことは本屋にも当てはまります。本屋に足を運ぶことで，インターネットの書店では経験できない視野の広がりを得ることができます。できれば本の表紙や背表紙を見ただけで，中身が（自分にとって）重要な本なのかがわかる感覚を身につけてほしいところです。こうした感覚は，インターネット上の書店を利用しているだけでは身につきません。本屋で本を手にとって，実際にページをめくって，内容はもとより，字の配置や質感などに繰り返し接すること

---

(10)　CiNii Books（http://ci.nii.ac.jp/books/）を使うと，全国のどこの大学に該当の図書が所蔵されているかがわかります。

で身についていくものだからです。

　本屋に行く時間がないという人は,他人との待ち合わせ場所を本屋にするのもよい方法です。**待ち時間に,新刊コーナーでも歩きまわれば,世の中の動きを知ることができ,自然と最新情報が頭に入ってきます。こうした積み重ねが「情報収集力」を高めるのです。**

　6月上旬,研究室での学生たちの会話。
まゆみ:「山林先生から紹介してもらった論文見つかった?」
よしこ:「うん,今から探そうと思っていたとこ」
まゆみ:「どういう論文だっけ?」
よしこ:「これだよ」

> 清河幸子・犬塚美輪(2003).相互説明による読解の個別学習指導——対象レベル——メタレベルの分業による協同の指導場面への適用　教育心理学研究,**51**,218-229.

まゆみ:「どうやって探す?　図書館に行ってみる?」
よしこ:「そうだね。でも,『教育心理学研究』に載っている論文だったら CiNii(https://ci.nii.ac.jp/)で探せるんじゃないかな。ちょっと調べてみるよ」
よしこ:「あったよ!　論文も PDF ファイルでダウンロードできる」(図3-7参照)
まゆみ:「よしこ,やったね!　すごいじゃん!」
よしこ:「ついでに図書館

3章　情報収集力

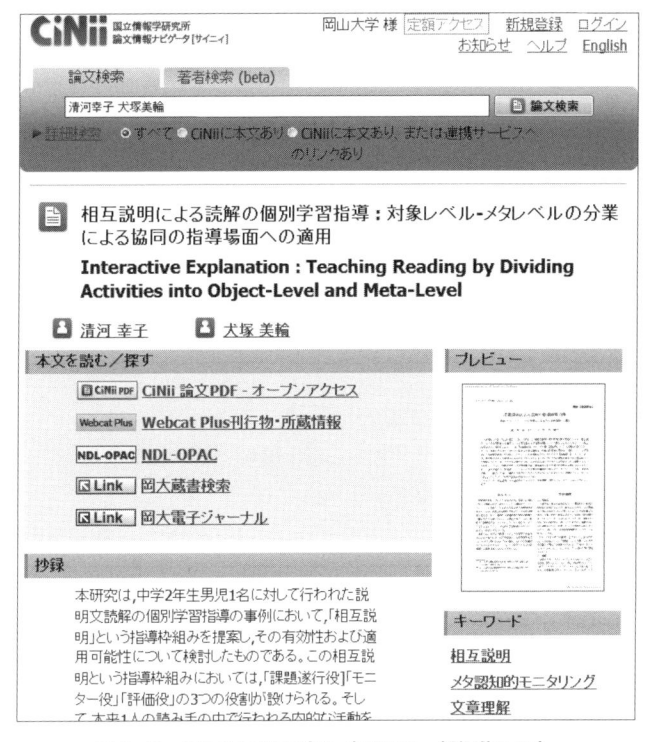

> **CiNii** 国立情報学研究所
> 論文情報ナビゲータ[サイニィ]
>
> 岡山大学 様 定額アクセス　新規登録　ログイン
> お知らせ　ヘルプ　English
>
> 論文検索　著者検索 (beta)
>
> 清河幸子 犬塚美輪　　　　　　　　　　　論文検索
>
> ▶ 詳細検索　○すべて ○CiNiiに本文あり ○CiNiiに本文あり，または連携サービスへのリンクあり
>
> 📄 **相互説明による読解の個別学習指導：対象レベル-メタレベルの分業による協同の指導場面への適用**
> **Interactive Explanation : Teaching Reading by Dividing Activities into Object-Level and Meta-Level**
>
> 👤 清河 幸子　　👤 犬塚 美輪
>
> **本文を読む／探す**
> - CiNii PDF　CiNii 論文PDF - オープンアクセス
> - Webcat Plus　Webcat Plus刊行物・所蔵情報
> - NDL-OPAC　NDL-OPAC
> - Link　岡大蔵書検索
> - Link　岡大電子ジャーナル
>
> **抄録**
> 本研究は，中学2年生男児1名に対して行われた説明文読解の個別学習指導の事例において，「相互説明」という指導枠組みを提案し，その有効性および適用可能性について検討したものである。この相互説明という指導枠組みにおいては，「課題遂行役」「モニター役」「評価役」の3つの役割が設けられる。そして，本来1人の読み手の中で行われる内的な活動を
>
> **プレビュー**
>
> **キーワード**
> 相互説明
> メタ認知的モニタリング
> 文章理解

図 3-7　CiNii の検索結果（画面を一部編集した）

　　　に『メタ認知』に関連する本がないか，OPAC で検索してみようかな」
まゆみ：「よしこ，かっこいい！　できる女って感じだよ」
よしこ：「えへへ，照れるなあ（『リサーチリテラシー入門』を読んで勉強したおかげかな？）」

> **本章のまとめ**
>
> **情報収集の基本**
>   ①用語を調べる
>   ②複数の情報源にあたる
>   ③メモをとる
>
> **インターネットを使った情報収集の注意点**
>   ①理解度を把握し,どのサイトで調べればよいか判断する
>   ②情報の質を確認する
>
> **文献検索と収集**
>   ①概説書からテーマの位置づけを確認し,定番の知識を得る
>   ②学術雑誌から新しい情報を得る(最新号からさかのぼる)
>   ③CiNii などのデータベースの特徴を知り,活用する
>   ④引用文献欄から「芋づる式」にたどる
>
> **図書館の利用**
>   ①自分の大学の図書館で見つからない場合もあきらめない
>   ②開館日程や開館時間をチェックする

引用文献

藤田哲也(編)(2006).大学基礎講座 改増版 北大路書房

ミズン,S. 松浦俊輔・牧野美佐緒(訳)(1998).心の先史時代 青土社

野口悠紀雄(1993).「超」整理法 中公新書

野口悠紀雄(2001).インターネット「超」活用法2001 講談社

小笠原喜康(2003).インターネット完全活用編 大学生のための レポート・論文術 講談社現代新書

大前研一(2009).「知の衰退」からいかに脱却するか? 光文社

澤井律之(2006).図書館の利用—図書館探索と資料の検索 藤田 哲也(編)大学基礎講座 改増版 北大路書房 pp.115-132.

東郷雄二(2009).新版 文科系必修研究生活術 筑摩書房

4章　情報整理力

> ６月中旬，まゆみの下宿での会話。
> よしこ：「まゆみさあ，この間，『メタ認知』の本を図書館で借りてたよね」
> まゆみ：「うん，必要なところはコピーをとってあるよ」
> よしこ：「へえ，ちょっとそのコピー見せてくれない？」
> まゆみ：「いいよ，ちょっと待ってね」
> 　まゆみが部屋の中を探しますが，コピーはなかなか見つかりません。
> まゆみ：「あれー，見つからないよ。どこいったのかな」
> よしこ：「なくなっちゃったの？」
> まゆみ：「捨てたわけじゃないんだけど……（おかしいな。この辺に置いていたつもりだったんだけど，何で見つからないんだろう……）」

　保管しておいたはずの資料が見つからなくなることってよくありますよね。ノートの取り方や，文献や情報の収集方法を学び，せっかく苦労して集めた資料も，すぐに必要なものを取り出して使える状態にしておかなければ，役に立ちません。この章では，「情報整理力」を取り上げて，日々の生活で溢れていく一方の書類や情報についての整理方法を検討することにしましょう。

4.1 整理の原則は簡潔に

増え続け乱雑になっていく書類を前に，よい整理法はないかと考えたことは，誰でも一度や二度はありますよね。『「超」整理法』（野口，1993）を提唱した野口悠紀雄氏は，これまでの整理法では，次のような問題に直面することを挙げています。

①どの分類項目に入れてよいかわからなくなる問題
・複数の分類項目にまたがってしまう
・どの分類項目にも入らない場合に，新たな項目を作っていくと，分類が無限になっていく
・これを避けるため，「その他」を作ってしまうと，あらゆるものが「その他」に含まれ，収拾がつかなくなる
②整理したものが取り出せなくなる問題
・誤って不適切な分類項目に入れると，検索できなくなる
・正しい分類項目に入れても，どこに入れたかを忘れる危険性
・分類項目の意味を忘れてしまう危険性

そこで，野口氏は，2つの原則（「ポケット1つ原則」と「時間順原則」）による整理法を提案しています（図4-1）。[1]

1つ目の「ポケット1つ原則」とは，対象物の置き場所を1か所

---

(1) 「内容による分類をしない」というのは，書類や資料など「情報」についてです。文房具など「物」については，分類して置き場所を変えるべきと，野口氏は強調しています（野口，1993）。

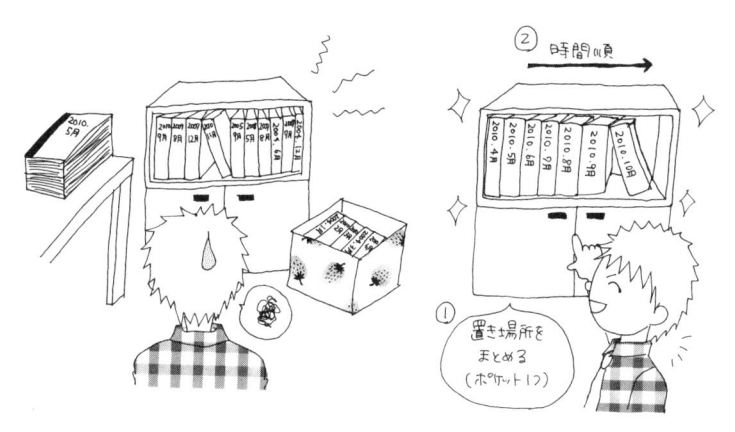

図 4-1　整理法の原則

に限定することです。みなさんも，目的のものをどこに置いたか忘れて，探し続けても見つけることができず，無駄な時間を費やしてしまった経験があるはずです（冒頭のまゆみが，まさにそうでした）。このとき，「探しているものが見つからなかった」という問題もありますが，じつはもっと深刻なのは，「探しているものが，今でもどこかに存在しているのか，それとも，もう（捨ててしまって）存在しないのか」という問題が残ってしまったことなのです。その後にまた探す必要が出てきたときに，同じように無駄な時間を費やしてしまうからです。

　ポケット 1 つ原則は，この点で強力です。もし，置き場所とした 1 か所を探しても見つからなければ，それは探している対象を（誤って）捨ててしまい，「現在は存在しない」ことがわかるからです。それ以上，無駄に探す必要がなくなります。
(2)

　また，必要なものは探しているときに限ってなかなか見つからな

いのに，後にふとしたことから見つかり，「あっ，こんなところにあったのか！」と思ったことは，みなさんも経験がありますよね。このように，「場所」に関する人間の記憶はあまり信用できません[(3)]。置いた場所は忘れやすいのです。そこで，置き場所を分散せずに，なるべく1つにまとめておくのが効果的です。

2つ目の「時間順原則」とは，書類を区別なく時間順に並べていくことです。場所についての人間の記憶はあまりあてになりませんが，**時間の順序に関する記憶はかなり正確**です。実際，私たちは何かを思い出すとき，それが「いつころに起こったことか」は，おおまかに時期がわかりますし，別の何かと比較して，「時間的にそれ以前に起こったことか，それとも以後だったか」も把握できます。

時間軸が有効なのは，時間順が因果関係と密接な関連があるからとも言えます。たとえば，レポートは，必ず課題が与えられた後に作り出すので，時間順に並べれば，レポート課題が記された書類は，作成したレポートより時間的に前の部分に保存されているはずです。このような順序性がわかれば，探す範囲を限定できるため，効率よく探すことができるようになります。

このように，「ポケット1つ」と「時間順」の2つの原則は強力で，人間の記憶の特性にも合致しています。ただし，何もかも1か

---

(2) 「何かがない」ことを証明することは，「何かがある」ことを証明することと比較してとても難しいことです。たとえば，「白いカラスがいる」ことを証明するには1羽でも見つければよいですよね。でも，「白いカラスはいない」ことを証明するには，世界中のカラスをチェックしなければなりません。そのため，「存在しない」ことを示せることは有益なのです。
(3) これも「メタ認知（的知識）」です（0章参照）。

所にまとめるのは,スペースを取れない可能性もありますし,なにより心理的に落ち着かないかもしれません。そこで,**ある程度のカテゴリーを設けて,時間順にまとめる**とよいと思います。

　実際,筆者らも,完全に1か所にまとめるのには心理的な抵抗を感じ,いくつかの大まかなカテゴリーを設けています。たとえば,「授業書類」「会議書類」「論文の原稿」「手紙」…といった具合です。授業書類は授業ごとに分けて,その中で時間順に並べています。会議書類も会議ごとに分けて,その中で時間順に並べています。そして,授業書類全体と会議書類全体で置く場所は分けて,両者が混ざらないようにしています。

　大まかでもカテゴリーを設けるのは,「ポケット1つ原則」を破り,分類の問題が生じますが,サブカテゴリー(例:授業の各科目,各種の会議)をカテゴリーごとに1か所にまとめ(例:授業書類,会議書類),さらに全体(例:書類)として,1つの本棚やキャビネットのある部分にまとめて,他には置かないようにすれば,それぞれの階層で「ポケット1つ」となって,紛失の危険が減りますし,授業に関する書類を調べる際は,授業書類の部分(授業の科目が特定される場合は,該当科目の部分)だけを探せばよいので,調べる時間が短くなるというメリットもあります。

4.2　研究関連の情報整理

　前節では,一般的な「書類」に関する整理法を紹介しましたが,研究に直結する「情報」の整理(情報管理)も,時間順とポケット1つの原則を意識するとよいでしょう。

情報管理

　研究情報の記録で，もっとも簡単なのは「ノートを使う」方法です（図4-2）。ノートを常に持ち歩いて，アイデアが浮かんだり，文献などを読んで気づいたことがあったら，何でもすぐにメモを取るようにするとよいでしょう。このとき，「**メモを記した日付**」も一緒に書いておきましょう。その際，時間や記入した場所（たとえば「図書館」）やそのときの様子（たとえば，「救急車が来たのに驚いた」など）といった**簡単な背景情報も併せて記しておく**とよいでしょう。**背景情報が手がかりとなって**，単にメモ内容を思い出すだけでなく，そのアイデアが頭に浮かんだときの状況がリアルに想起され，メモ内容の時点に戻って，思考を進めることができます。

　ノートを使うと，『「超」整理法』（野口，1993）でいう「時間順」と「ポケット1つの原則」の両方が守られるという点も見逃せません。ノートはバラバラにならないので，ページの順序にメモすれば時間順が保たれますし，メモは必ずそのノート（ポケット1つ）の中にまとまっています。ただし，ノートを持参し忘れて，手元にある何かの紙にメモを取ると，時間順が崩れてしまいます（このような場合に備えて，ノートはスペースを空けながらゆったりと使い，別の紙に書いたメモも貼り付けられるようにしておきましょう）。

　ノートの弱点は，ページを入れ替えることができないので，離れた情報どうしを突き合わせて，新たな発想をするのが難しい点です。この点が気になる人は，「カード」を使うとよいでしょう。カード方式といえば，『知的生産の技術』を執筆した梅棹忠夫氏の「京大型カード」（梅棹，1969）が有名です（これは，B6判カードに横罫線が引かれたもので，左側にバインダーで綴じるための穴があいていま

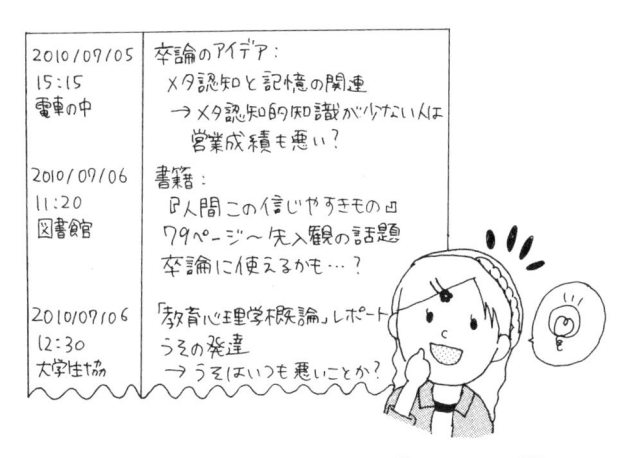

図 4-2　情報管理の例（ノートを使ったメモの例）

す）が，どのようなカードを使ってもかまいません。

パソコンでの情報整理

　ノートやカードは便利な方法ですが，情報が増えていくと必要な情報を取りだすのが困難になっていきます。このようなことを考えると，できれば**パソコンを使って情報管理をする**とよいと考えられます。コンピュータを使うメリットは，

・記憶容量が大きく，何でも保存しておけること
・検索によって必要な情報を速やかに取り出せること

にあります。これにより，時間順とポケット 1 つの原則を強く意識する必要がなくなりました。

　それでは，パソコンで情報管理をする場合，どうすればよいでしょうか。専用のデータベースソフトもたくさんありますが，高価で

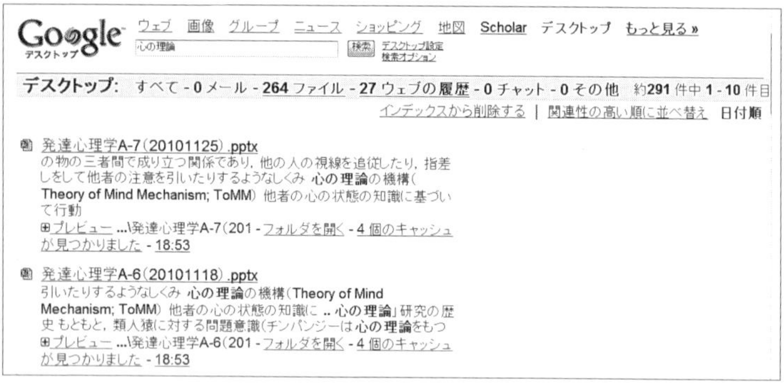

図4-3 Googleデスクトップ

簡単には購入できません。(大学院に進学して研究者を目指すような場合は別として)学部生のみなさんは,Wordなどのワープロソフトやテキストエディタなどを使えば,十分有益な情報管理ができますので安心してください。とくに,動作が軽快なエディタ(Windowsに用意されているソフトの「メモ帳」でもよいでしょう)を使うのも効果的です。デスクトップに,エディタのショートカットを作っておき,思いついて記録したいことが生まれたら,すぐにエディタを起動できるようにしておくとよいでしょう。

自分のコンピュータ上に蓄えられた情報の検索には,グーグルが無料で提供している「Googleデスクトップ」を使うこともできます。Googleデスクトップを使えば,図4-3の画面のように,Web検索と同じような感覚で,自分のパソコン内に散らばっている情報を検索できます。Word,Excel,PowerPoint,PDFなど多様なファイルを区別なく,すべて検索してくれます。(4)

もう少し多様な情報管理をしたい人は,クラウド・コンピューテ

4章　情報整理力

ィングの形態をしたサービスを使うとよいでしょう（コラム参照）。たとえば，EverNote は，クラウド型の無料サービスで，広く普及しているものの1つです(5)。その特徴として，

①テキスト形式（文字情報だけ）のメモはもちろん，写真，ウェブページ，ボイスメモなど，多様な形式で保存できる
②自分が使うコンピュータや携帯電話のすべてから使える(6)
③検索力が高い（キーワードで検索できる他，画像内の印刷や手書きのテキストも検索可能）

といったことが挙げられます。インターネットを使っていて，気になった情報があれば取り込めますし，手書きのメモを携帯電話でスナップ写真として撮って，取り込むことも可能です。EverNote 1つに，アイデアをまとめる（ポケット1つ）ことで，**クラウド型の長所を生かし，あらゆる所でどのような情報機器を使おうと，紛失や重複の心配をせずに情報管理ができる**のです（コラム参照）。

パソコンでの情報管理の注意点

コンピュータを用いた情報整理では，注意すべき点があります。

（4）　なお，Google デスクトップは，既にサービスが終了したため，現在では利用できません。
（5）　次のページからダウンロードして使うことができます。
　　　https://evernote.com/intl/jp/
（6）　Windows，Macintosh，携帯電話，iPhone や Andoroid などのスマートフォン，iPad などのタブレット型情報端末に対応しており，どの端末からも同じ情報へアクセスできます。

コラム　クラウド・コンピューティングの時代

　コンピュータが普及するにつれ，個人で2台以上のパソコンを持つことが増えました。みなさんも自宅にあるパソコンと大学の情報処理センターなど外にあるパソコンの両方で作業をすることがあると思います。このときに怖いのは，誤って新しいファイルを古いファイルで上書きしてしまうことです。ただ，これは保存する際の双方のファイルの日時時間を確認することで，ほぼ防げるでしょう。

　もっとも怖いことは，正本が2つできてしまうことです。たとえば，自宅でレポートの作成を進めたものの，それを大学のパソコンにコピーし忘れ，大学のパソコンに保存してあったファイルで作業を進めてしまう場合です。こうなると，どちらも正本となってしまうので，違う部分の照らし合わせに骨が折れるのです。

　こうした問題は，「クラウド・コンピューティング」の進展で，少しずつ解消しています。クラウド・コンピューティングとは，データやソフトを個人のパソコンからデータセンター（これを「クラウド（雲）」と比喩する）に移し，必要に応じて取り出して使うというものです。グーグルは，その最先端を走っており，Gmail や Google apps を提供しています。Google apps は，「Google ドキュメント」（「ワード」互換のワープロ）や「Google スプレッドシート」（「エクセル」互換の表計算ソフト）などを無料か，もしくは低価格で利用することができます（個人，家族，教育機関なら無料です）。

　ファイルをオンライン上に置くと，上述のファイルのダブル正本の問題が無くなるだけでなく，フラッシュメモリなどでデータ等を持ち歩く必要がなくなり，紛失や盗難の危険性もなくなります。大事なものは手元にないと不安であるのが人間の習性ですが，電子媒体に関しては，「自分の手から離れたところの方が安全」（野口，2008）という逆説的な時代になるのかもしれません。[7]

（7）　実際に，Dropbox（https://www.dropbox.com/）のように無料でクラウド上にファイルを保存できるサービスも出現しています。自分の

> パソコンを起動すると、自動的にクラウド上のファイルと同期を取り、ファイルを最新の状態へと更新してくれるので、正本が2つできてしまうこともありません。こうしたサービスは今後大きく進展していくことでしょう。

　第1に、パソコンの故障などでデータを失わないように、**バックアップを必ず取るようにしてください**（これは情報整理に限らず、レポートや論文のファイルにも当てはまることです）。「ポケット1つ」でなるべく1つにまとめることを推奨しましたが、バックアップファイルは必ず違う媒体（たとえば、フラッシュメモリ）に保存しましょう。同じ1つのパソコンの別のフォルダに、バックアップファイルを保存してはいけません。そのパソコンが壊れたら、バックアップの方も取り出せなくなるからです。できれば、バックアップは二重（2つのフラッシュメモリなど）に取っておきましょう[8]。また、**定期的に（こまめに）バックアップを取ることが大事**です。卒論を書いているときは忙しくてバックアップに気がまわらないかもしれませんが、そういうときに限ってパソコンやフラッシュメモリが壊れたりするものです。ふだんからこまめにバックアップをしておけば、すぐに前の状態に戻れるのです。

　第2に、**コンピュータを使う場合、なるべく普及しているソフトを使うこと**です。コンピュータの進歩はきわめて速く、普及していないソフトで作った情報は、すぐに使えなくなってしまう可能性があります。現在普及している業界標準のソフトを使用すれば、ユー

---

(8) Gmail などの Web メールを使っている方は、重要ファイルを添付したメールを作成し、自分自身宛てに送っておくのもよいでしょう。

ザーが多いので，仮に将来そのソフトが消滅してしまっても，情報を移行できる何らかの手段が用意されると思われます。⁽⁹⁾

　第3に，100％コンピュータに頼る必要はありません。どこでもメモできる紙媒体の便利さと素早さも強力です。たとえば，カフェなどでくつろいでいるときに，急にアイデアが浮かんだら，手元にある紙ナプキンにメモしてもよいですし，携帯電話やスマートフォンの文字入力が速い人は，それらを積極的に使うとよいでしょう。

4.3　自分に合う方法を探求する

　本章では，「情報整理力」を伸ばすいくつかの方法を紹介しましたが，いずれも定評のあるものです。さらに，書店に行けば，「○○整理法」といった本をたくさん目にすることができるでしょう。このことからもわかるように，よりよい整理法は，ずっと昔から現在に至るまで探求し続けられているものなのです。それだけ奥が深く，好みの差が激しいものだともいえます。みなさんにはここで紹介したさまざまな方法を一度試すことをお勧めしますが，これらの方法に固執する必要はありません。もし，自分に合わないと思えば，別の方法を使いましょう。**大切なことは，自分に合う方法を探求して，確立することです。この過程自体が「リサーチリテラシー」を鍛えることにもなる**のです。

（9）　本章で紹介したソフト（Word, Excel, EverNote）は，このレベルに達していると考えられます。また，エディタやWindows付属のメモ帳などで作成する文書は，「テキスト形式」（文字情報だけ）ですので，情報が読みだせなくなることは今後もほぼあり得ないでしょう。

最後に，本章では紙媒体の資料や，最近ではパソコンのファイルなど電子媒体の情報のように，「実体があるもの」についての整理法を検討しました。しかし，じつは整理にはもう1つの側面があります。それは，すでに実体があるものを「加工して見やすく」するという意味での整理法です（具体的には，グラフなどを見やすくすることです）。論文やレポートをまとめていく上では，この「情報整理力」を鍛えておくことも重要です。こちらについては，6章の「書く力」で言及することにします。

コラム　文献管理について

　本章では，研究に関連して浮かんだアイデアを整理する「情報管理」を紹介しましたが，研究を深める上で，文献情報を管理する「文献管理」も必要になります。学部生の卒論であれば，参照する論文数はそれほど多くないので，文献管理を意識する必要はあまりないでしょう。ただ，大学院への進学を考えていたり，文献研究による卒論を書く場合は，学部生でも文献管理に意識を向けてよいかもしれませんので，このコラムで簡単に紹介をしておきます。

　入手した文献は，コンピュータで情報を管理しましょう。文献管理ソフトもたくさんありますが，高価で簡単には購入できません[10]。まずは，Excelなど表計算ソフトを使って文献管理をすればよいと思います（大学院で専門的に学ぶ人は，早い段階で，EndNoteなど文献整理ソフトを使って整理し始めることをお勧めします[11]）。

　文献管理をExcelでする場合，図書と学術論文を別のワークシートで作成するなど，分けて管理するとよいでしょう（図4-4）。必要な文献情報が違うからです。卒論などの「**引用文献リスト**」で，すぐに**転記できるように，引用に必要な情報に従ってまとめる**とよいでしょう（6章参照）。図書の場合は，著者名，出版年，書名，出版社の情

報が必要になります。学術論文の場合は，著者名，出版年，タイトル，雑誌名，巻，ページが必要になります。いずれも，通し番号や既読日，備考欄などを設けておくと，整理に役立ちます。通し番号から文献を入手した順序がわかりますし，既読日の欄から既読か否かがわかります，また，備考欄に重要な情報（例：引用に使う該当ページ）を簡潔に記しておくと，後々便利です。ただし，学問分野によって，引用文献リストの表記方法は多少異なるので，自分の分野に合わせて，入力順序を適宜変えて文献リストを作成しましょう。

番号	既読日	著者名	出版年	書名	出版社	備考
1	2010/6/25	野口悠紀雄	1993	「超」整理法	中公新書	10ページに「分類の問題点」が記載
2	2010/7/20	野口悠紀雄	2008	超「超」整理法	講談社	13〜16ページをコピー
3		竹内 薫	2009	竹内流の「書く，話す」知的アウトプット術	実務教育出版	
4		東郷雄二	2009	新版 文科系必修研究生活術	筑摩書房	

番号	既読日	著者名	出版年	書名	雑誌名	巻	ページ	備考
1	2010/6/28	林 創	2002	児童期における再帰的な心的状態の理解	教育心理学研究	50	43-53	
2		山田剛史・杉澤武俊・村井潤一郎	2008	心理統計テストデータベースの開発	教育工学会論文誌	31	53-56	
3	2010/7/5	髙橋智子・山田剛史	2008	一事例実験データの処遇効果検討のための記述統計的指標について〜行動分析学研究の一事例実験データの分析に基づいて〜	行動分析学研究	22	49-67	
4	2010/7/8	大塚雄作	2007	大学教育評価における評価情報の信頼性と妥当性	工学教育	55	14-20	

図 4-4　文献管理（Excel）の例（上：図書，下：学術論文）

---

(10)　EndNote の通常版で 5 万円以上，学生版でも 2 万 5 千円程度します。

(11)　大学で EndNote Web が使えれば，無料で文献管理ができます。使えるかどうかは，自分が所属する大学の図書館で確認してみましょう。

4章　情報整理力

　6月下旬，まゆみの下宿での会話。

よしこ：「まゆみさあ，この間見つからなかった，『メタ認知』の本のコピーってやっぱりどっかいっちゃった？」

まゆみ：「じゃーん，これを見よ」

よしこ：「あれ！コピーあったんだ。よく見つかったね」

まゆみ：「実を言うと，あれから整理の仕方を変えたんだ」

よしこ：「へえ，どんな風に変えたの？」

まゆみ：「野口悠紀雄先生のやり方を参考に，ポケット１つ原則を実行することにしたの。集めた資料は全部，この段ボール箱の中に入れることにしたんだ」

よしこ：「ふーん。そうすると何がよいの？」

まゆみ：「置き場所はここしかないから，この段ボール箱に無かったら，その資料はもうこの部屋には無いってことになるの。だから探すのが楽だよ」

よしこ：「なるほどー。それならまゆみでも見つかるわけだ」

まゆみ：「そう，忘れっぽい私でも大丈夫……。って，何言わせるのよ！」

よしこ：「あはは，本当のことじゃん。その本のコピーも，もう一度とり直したやつなんでしょう？」

まゆみ：「（ぎくっ）何でわかるのよ。いいじゃない。これから整理上手な女になるんだから！」

> **本章のまとめ**
>
> 整理の原則は簡潔に
> 　①置き場所を分散しない（ポケット1つ原則）
> 　②書類を区別なく時間順に並べる（時間順原則）
> 情報整理（管理）
> 　①ノートを持ち歩いてメモを取る癖をつける（携帯やスマートフォンを使ってメモを残すのもよい）
> 　②メモに日付や時間，背景情報を併記すると思い出しやすい
> パソコンを使った情報管理の注意点
> 　①バックアップをかならず取る
> 　②コンピュータと紙のそれぞれの利点を生かす
> 自分に合う方法を探求して，確立することが大切。この過程自体が「リサーチリテラシー」を鍛えることになる

引用文献

野口悠紀雄（1993）.「超」整理法　中公新書
野口悠紀雄（2008）. 超「超」整理法　講談社
梅棹忠夫（1969）. 知的生産の技術　岩波新書

5章　読む力（読解力）

> 　7月上旬，大学近くの喫茶店で2人が会話をしています。
> まゆみ：「例の『メタ認知』の論文，もう読んだ？」
> よしこ：「……まだ，ぜんぜん……」
> まゆみ：「あれ？　あの論文を読んで，内容をゼミで発表するんじゃなかったっけ？」
> よしこ：「そうなんだけど，書いてあることが難しくて，なかなか読む気にならないんだ」
> まゆみ：「論文って難しいよね。小説なら簡単に読めるのに……」
> よしこ：「そうそう！　小説といえば，宮部みゆきの新しい小説もう読んだ？」
> まゆみ：「あ，こないだ出たやつでしょう？　まだ読んでいないよ。面白いの？」
> よしこ：「すっごく面白かったよ。主人公がね……」

　いつの間にか勉強から趣味の小説へと話が変わってしまったようです。小説だったら簡単に読めるのに，学術的な文章は読みにくい，そのように感じたことがある人も多いのではないでしょうか。小説と学術的な文章とでは，読み方を変える必要があるようです。本章では，レポートや論文を書くために参照する文献や学術的文章の読み方を紹介していきます。

5.1 学術的文章とクリティカルシンキング

小説やエッセイを読む際は,登場人物や著者の喜怒哀楽に自然と感情移入してしまいますよね。自分の主観で読み進めることで,感動も生まれ,人生に役立つ教訓も得られます。しかし,大学でレポートや論文をまとめる際に読むのは「学術的文章」です。学術的文章は,ある学問分野における問題について,理由を示しながら論理的に主張するものなので,自分の主観で読み進めてはいけません。**著者は,何を根拠にして,何を主張しようとしているのか,主張と根拠の間に飛躍はないかなど,クリティカルシンキングを働かせながら読む必要があります**(1)。

クリティカルシンキング(0章参照)と聞くと,なにか難しそうと感じるかもしれません。しかし,クリティカルシンキングは技術であり,訓練すれば向上するものです(道田・宮元・秋月, 1999)。また,**論理的ということは,形式や約束事があるということなので,それらを頭に入れておけば読みやすくなるのです。つまり,一定の技術と知識を身につけると,読解力が確実に上がるのです**。

---

(1) ここで紹介する読み方は,主に研究書や学術雑誌の論文,新聞記事など,何かを主張しようとしている文章を対象としたものです。これに対して,教科書や概説書(入門書)は,学問的知見や事実の紹介が主となるので,クリティカルシンキングを働かせるよりも,知見や事実を頭に入れていくことを重視しましょう。

5.2　文献の概要の把握

本や論文を入手（3章参照）したら，文献の情報を確認してみましょう。本の場合は，奥付（書物の末尾のページに著者名，発行者名，印刷者などを記載したもの）を開いて，出版年，著者などを確認します（図5-1）。学術論文の場合は，論文の最初や最後に500字程度の要約（概要）があるので，それを先に読みましょう。あらかじめ概要を知ると，内容を理解しやすくなります。

同じような文献が複数ある場合は，図表が豊富でわかりやすく書かれた概説書から読み始めるのがよいでしょう。ただし，3章で述

大学生のためのリサーチリテラシー入門
——研究のための8つの力——

2011年8月10日　初　版第1刷発行　　〈検印廃止〉
2011年12月30日　初　版第3刷発行
2016年11月20日　第2版第1刷発行　　定価はカバーに表示しています

著　者　山田剛史
　　　　林　創

発行者　杉田啓三

印刷者　中村知史

発行所　株式会社　ミネルヴァ書房
〒607-8494　京都市山科区日ノ岡堤谷町1
電話代表（075）581-5191
振替口座　01020-0-8076

© 山田・林，2011　　中村印刷・藤沢製本

ISBN 978-4-623-06045-0

Printed in Japan

図5-1　本の奥付の例

べたように，**出版年に注目し，新しいものから読むようにしてくだ**さい（増刷の場合は「**第1刷**」の出版年が大事です。改訂版の場合は，初版第1刷ではなく，「改訂版第1刷」の出版年に注意します）。[2]

本の場合は，著者紹介から，学歴や職歴，過去の著書などもわかります。「まえがき」や「あとがき」があれば，先にざっと目を通してみましょう。その本の概要がつかめ，著者がどういった考えから執筆したのかも把握できます。どのような人がどういう**意図を込めて，その本を書いているのかを知って読むと，内容を理解しやす**くなるのです。映画の予告編を見るようなものですね。

5.3　クリティカルシンキングによる精読

文献がどのようなものかわかったら，次は書かれている内容を正確に把握し，評価しながら読んでいきます。まず，学術的文章は，次のような構成をした文書であることを理解してください（図5-2）。

> a）何らかの「問題」を提起している
> b）問題に対して，「理由」を示しながら，論理的に「解答」（結論）している
> c）理由を裏付けるために，「証拠」を提示（文献やデータなどの資料を引用）している

ここで結論をうのみにしてはいけません。**本に書かれていることを信用するかどうかの判断を一時的に保留して読み進めます**。[3]つま

（2）　図5-1では「第2版第1刷」となっています。
（3）　このことを，東郷（2008）は「知的に打たれ強い」という言葉で表現しています。詳しくはコラム（p.126）を参考にしてください。

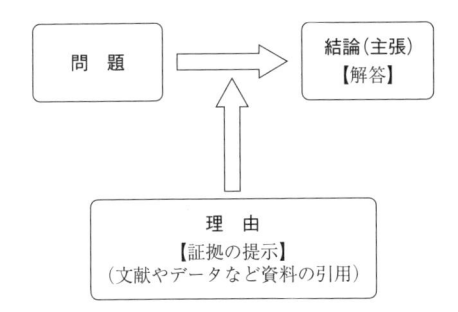

```
┌──────┐         ┌──────────┐
│ 問 題 │ ═══▶  │結論(主張) │
└──────┘         │ 【解答】  │
                 └──────────┘
                      ▲
                      ║
              ┌───────────────────┐
              │      理　由        │
              │   【証拠の提示】    │
              │(文献やデータなど資料の引用)│
              └───────────────────┘
```

図 5-2　学術的文章の構造（楠見・子安・道田・林・平山，2010を改変）

り，クリティカルシンキングを働かせながら読むのです（0章参照）。その方法として，次の**クリティカルクエスチョン**を発することをお勧めします。⁽⁴⁾

クリティカルクエスチョン

第1段階：議論の骨格を明確にする
　①著者は何を問題としているか？
　②著者の結論（主張）は何か？
　③結論（主張）を支える理由（根拠）は何か？

第2段階：情報をはっきりさせる
　④言葉は曖昧でないか？
　⑤隠れた前提は何か？

第3段階：議論を評価する
　⑥理由は確かか？

---

(4)　これは，『質問力を鍛えるクリティカル・シンキング練習帳』（ブラウン・キーリー，2004）を参考にして，まとめたものです。また，「クリティカルシンキングを働かせながら読む方法」を身につける教材として，↗

①著者は何を問題としているか？
②著者の結論は何か？
③結論を支える理由は何か？

④言葉は曖昧でないか？
⑤隠れた前提は何か？

⑥理由は確かか？

第1段階
第2段階
第3段階

クリティカルクエスチョンの3つのステップ

第1段階：議論の骨格を明確にする

　文章を読む上でもっとも大切なことは，「**文章を正しく読み取る**」ことです（①～③）。著者が書いていることをうのみにせず，「それって本当？」と疑問を抱くのが大事なのですが，著者の言いたいことを正確に読み取っていなければ，誤解が生まれるだけでなく，言い掛かりになってしまいますよね。

　　ベネッセコーポレーションの『クリティカルシンキング―情報を吟味・理解する力を鍛える』（楠見他，2010）があります。244ページを参考にしてください。

①著者は何を問題としているか？ そして、②結論は何か？

「問題」とは、議論のもとになる事柄のことで、「結論（主張）」とは、著者が言いたいこと（読者に伝えたいこと）です。問題は、文章の見出しや文章中に疑問文で書かれている（たとえば、「消費税を上げるべきか？」など）ことも多いですが、明示されていないこともあります。その場合は、最初に結論を探してください（それと対応するものが問題と推測できます）。**「書き手が一番言いたいことは何か？」に対する答えが結論です**（結論は書き手のメッセージなので、「主張」とも呼びます）。結論を見つける手がかりはいくつかあります。

(1)結論のありそうな場所を探す

　結論は、文章や段落など、まとまりの始めか終わりに書かれていることが多いので、入り組んだ文章では、最初か最後を先に読むとよいでしょう。

(2)結論のための指標語を探す

　指標語とは目印になる言葉のことです。結論の前では「つまり」「したがって」「要するに」、結論の後では「…ということである」「…べきである」といった言葉がよく使われます。

問題と結論を見つけたら、対応しているかどうかもチェックしましょう。たとえば、「消費税を上げれば日本経済は豊かになるか？」という問題提起に対して、結論が「消費税を上げると、経済成長率が1％上昇する」であれば対応しています。でも、結論が「消費税を上げると、年金問題が解決する」であれば、直接対応していないため、論理展開がおかしいことになるのです。

③結論を支える理由は何か？

　問題と結論を把握したら，結論を導いている理由を探します。議論では理由が不可欠です。理由がなければ，賛成も反論もできないからです。理由を見つける際も手がかりがあります。

(1)「なぜ？」と問う

　結論に対して「なぜ書き手はそのように考えるのか？」を問いましょう。答えに当たる文が理由です。

(2)理由のための指標語を探す

　理由の前には「なぜなら」「というのは」，理由の後には「…であるため」「それゆえ」といった言葉がよく使われます。

ここで，練習問題をしてみましょう。

　次の文章で，問題，結論，理由にあたるものを(a)〜(e)の中から選んでください。

　(a)21世紀に入り，さまざまな面で国際化するスピードは増すばかりである。(b)これからの時代を生きていく上で，英語教育を拡充していくべきだろうか。(c)日本人の英語力が低いのは，多くの国際調査でも明らかになっている。(d)しかし，事はそう単純ではない。(e)じつは，日本の子どもたちは，日本語の読み書きすら正確にできないこともわかってきている。(f)したがって，日本語の教育の充実が重要であろう。

　手がかりを思い出しましょう。まず，問題は，疑問文に注目すると(b)であるとわかります。結論は，文章の初めか終わりにあることが多いことや，「したがって」という指標語に着目すれば，(f)であるとわかります。また，なぜ書き手が(f)と考えるかを突き詰めれば，理由は(e)とわかるでしょう。

5章　読む力（読解力）

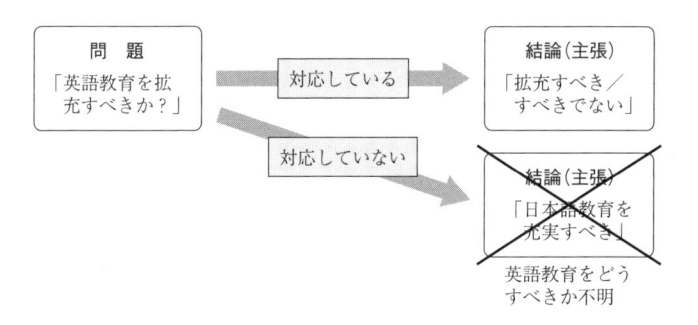

```
┌─────────────┐                    ┌─────────────┐
│   問　題    │──対応している──→│ 結論（主張） │
│「英語教育を拡│                    │「拡充すべき／│
│ 充すべきか？」│                    │ すべきでない」│
└─────────────┘                    └─────────────┘
       │
       └──対応していない──→  ╳結論（主張）╳
                              ╳「日本語教育を╳
                              ╳ 充実すべき」╳
                                英語教育をどう
                                すべきか不明
```

図5-3　問題と結論の対応

　ただし，この文章では「問題」と「結論」が食い違っていることに注意が必要です。「英語教育を拡充すべきか？」という問いかけに対して，「拡充すべき／すべきでない」の解答がありません。たしかに「日本語教育を充実するのが大事だ」とは言っていますが，日本語教育を充実させることと英語教育を充実させることは直接関係しないので，このままでは，書き手が「英語教育よりも日本語教育を充実すべき」と考えているのか，「英語教育と日本語教育の両方を同程度に充実すべき」と考えているのかわかりません（図5-3）。もちろん，両方を充実するのが理想ですが，もし，読み手が教育政策を決めたい場合，この書き手の助言では，限られた授業時間や予算をどのように配分すればよいか決められませんね。ですから，この文章は説得力の弱いものとなるのです。[5]

（5）　逆に言えば，この文章を読んだ人が，英語教育よりも日本語教育を充実させて，子どもたちの教育に失敗してしまったとき，この書き手は「英語の教育を犠牲にすべきだとは言っていませんよ」という逃げの手を打てる巧妙な書き方（お勧めできませんが）をしているとも言えます。

第2段階：情報をはっきりさせる
④言葉は曖昧でないか？

議論の骨格（問題，結論，理由）を明確にできたら，その中の重要な言葉（キーワード）に着目してください。「**④言葉は曖昧でないか？**」を意識して，キーワードの定義や，それが指す内容と範囲を確認しましょう。手がかりは次のようなものです。

(1)抽象的な言葉に気をつける

「社会性」「健康」「平和」など，いろいろな場面で頻繁に使われ，一見わかりやすそうな言葉ほど，使われている意味が多様なので注意が必要です。(6)

次の文章を見てください。

> テレビの視聴時間が長い子どもほど不健康である。（理由）
> だから，子どもにテレビを見せる時間は少なくすべきだ。（結論）

この文章では，「テレビの視聴時間」というキーワードが具体的（実際に，視聴時間を計測可能）なのに対して，「不健康」というキーワードはあいまいです。不健康に対して，たんに「体力が弱い」だけと考える人もいれば，「病気の人が多い」と考える人もいそうです。体力が弱いだけなら，たとえばテレビを見ながら軽い運

（6）　これに類することですが，広田（2007）は，教育で広く使われる「生きる力」のように，「それを言われると誰もが納得するか，納得したふりをせざるを得なくなる」語を，「マジック・ワード」と呼び，思考停止してしまう危険性を説いています。

5章 読む力（読解力）

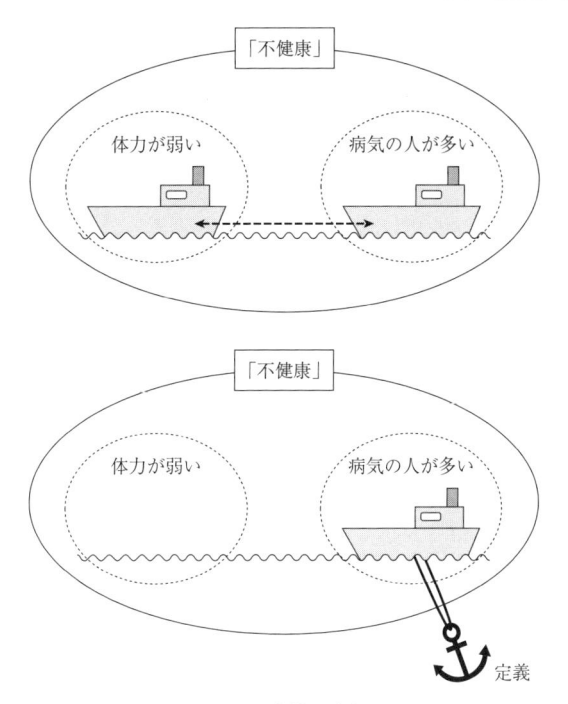

図5-4　定義の大切さ

キーワードの定義は，船が錨を下ろすことに似ています。錨がないと，船はフラフラ動いてしまいます（キーワードが多様な意味の間で確定できなくなります）。

動をさせれば済む話かもしれませんが，病気の人が多いとすれば，テレビを遠ざけるべきでしょう。言葉の解釈次第で結論を受け入れられるかどうかが大きく変わります（図5-4）。

そこで，学術的文章では，誤解を避けるために，言葉の定義が頻繁に出現します。その際，重要なのが以下の点です。

(2)定義が妥当かどうかをチェックする

キーワードについて書き手と読み手（自分自身）が同じ解釈をしているとは限りません。著者は自分に都合よく定義していることがあります。定義を見つけたら，その定義が妥当かどうかに注意しましょう。「他の違った意味は考えられないか？」を考えるのも効果的でしょう。

　たとえば，人間の協力行動に関する論文で，「協力」「非協力」というキーワードが，次のように定義されていたとしましょう。[7]

> 　本研究では，「協力」「非協力」という言葉を，「自分より他者の利益を相対的に増加させる行動」「他者より自分の利益を相対的に増加させる行動」の意味で用いる。

　こうした場合，日常経験や辞書などと照らし合わせて，妥当かどうかを判断します。辞書の定義では，協力とは「力を合わせて事にあたること」（『大辞泉』より引用）です。日常的には，自分と同等か自分の利益の方が大きくても，他者の利益になることをすれば，協力といえるはずです。**著者の定義を把握しないまま読み進めると誤解が生まれます。**

⑤隠れた前提は何か？

　本文中に書かれていないけれども暗黙に考えられていることを，ちょっと堅い言葉ですが，「**隠れた前提**」と呼びます。**隠れた前提は，書き手以外には当然でない場合があり，誤解が生じるもとにな**

（7）　この例は，大薗・吉川・渡部（2006）を参考にしています。

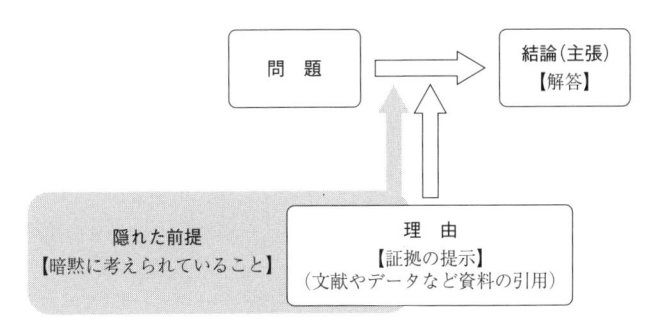

```
          問題  →  結論(主張)
                  【解答】
                  ↑
隠れた前提      理 由
【暗黙に考えられていること】  【証拠の提示】
              (文献やデータなど資料の引用)
```

図5-5 結論を支える「隠れた前提」
(楠見他,2010を改変)

ります。また,書き手がわざと前提を隠して,自分に都合のよい方向に議論を進めていることもあります。そこで,「⑤隠れた前提は何か?」を意識することも重要です。結論を支えるのは,本文中に書かれている理由だけではなく,書き手自身の暗黙の考えと合わさって結論を支えていることが多いのです(図5-5)。このときの手がかりは次のようなものです。

(1)結論と理由の間に飛躍はないかを意識する

挙げている理由が結論とは結びついていないことがよくあります。「理由が正しくても,結論が正しくない場合はあるか?」や「明示された理由だけで,結論を言い切れるか?」を考えてみましょう

たとえば,

> リラックスすると,勉強ははかどると言われている。(理由)
> だから,音楽を聞きながら勉強するとよさそうだ。(結論)

という議論では，リラックスすると勉強がはかどる（理由が正しい）としても，その手段は音楽以外にも，散歩したり，休憩をしたりなどいくつも考えられますよね（結論を言い切れない）。また，音楽を聞くと集中力が途切れ勉強できない人もいます（結論が正しくない）。ということは，この議論は理由と結論の間に飛躍があり，「音楽を聞くとリラックスする」という隠れた前提によって，議論がスムーズにつながるのです。

ここで，練習問題をしてみましょう。

> 次の文章で，曖昧な言葉を見つけるとともに，隠れた前提を指摘してください。
> 子どもの成長は，本を好きかどうかに本質があるといえるかもしれない。1日当たりの読書時間が長いほど，人間性が豊かな子どもに育つようなのだ。

まず，手がかりを思い出しましょう。抽象的な言葉ほど気をつける必要があります。この文章では，「人間性」という言葉が鍵であるとともに，抽象度の高い曖昧な言葉です。「人間性が豊か」というのが何を指すのか，「性格がよい」のか，「道徳性が豊か」なのか，「教養がある」と言いたいのか，よくわかりません。書き手は，「人間性」をどういう意味で使うのかを定義すべきです。

また，「1日当たりの読書時間が長いほど人間性が豊かになる」（理由が正しい）としても，子どもの成長の鍵が本好きかどうかにあると断言できません。他の影響（たとえば，本が嫌いでも，学校の先生から強制的に読書の宿題を出されるので，読書時間が長い）かもしれないからです（結論を言い切れない）。どうやら，この書き手は

「1日当たりの読書時間の長短は，本が好きかどうかに左右される」と暗黙に考えているようです。これが，隠れた前提です。

第3段階：議論を評価する

ここまでは，議論の構造を把握する方法をまとめました。次のステップは，議論の評価に関するものです。ここでは，著者の結論を支える「**⑥理由は確かか？**」ということを考えるようにしましょう。

⑥理由は確かか？
(1)事実と意見の区別

「事実」は証拠をあげることができるもので，「意見」はある人が考えた判断のことです。たとえば，「東京は日本の首都である」は事実ですが，「東京は日本の魅力的な都市である」は意見です。なぜなら，東京が日本の首都であることは，文献や資料などを提示して証明できますが，東京が魅力的な都市かどうかは主観的なものであり，魅力を感じる人もいれば，感じない人もいるからです。

理由の確からしさを考える上で，事実と意見の区別が大切です。たとえば，

　　ア）東京は日本の首都である。だから，東京に空港整備の予算を重点配分すべきだ。
　　イ）東京は日本の魅力的な都市である。だから，東京に空港整備の予算を重点配分すべきだ。

を比較すると，同じ結論（「東京に空港整備の予算を重点配分すべき」）であっても，後者の方がより弱く感じませんか。それは，前

者の理由は事実なのに対して，後者の理由は意見なので，主観的で結論を十分に支えきれないからです。

(2)歪曲(わいきょく)された証拠に注意する

このように理由は事実である方が強くなります。しかし，理由が事実であっても，結論を簡単に受け入れてはいけません。著者は，自分の結論を支えるために，理由としてさまざまな証拠（研究結果，日常例，統計，専門家の意見など）を提示します。ところが，そこには歪曲が含まれていることがあるのです。

(i)言葉のすりかえ：違った意味で使われる２つ（以上）の言葉を，同じ意味であるかのように見せかける手法です。

「空き地を転売することについて，近隣の住民に１週間意見を募ったが反応はなかった。そのため，住民は空き地の転売に賛成していると考えられる」という文章では，「反応がなかった」が「賛成」にすりかわっています。

(ii)事実の切り取り：書き手が都合のよい事実だけを報告していること。

次の文を見てください。

ア）ナイフでＡ君がＢさんを刺した。

物騒な例ですが，Ａ君が何か殺意を持ってＢさんを刺したかのような情景です。しかし，もう少し情報が加わるとどうでしょうか。

> イ）Bさんがバットで殴りかかった。
> そこで、とっさにテーブルに置いてあったナイフでA君がBさんを刺した。

今度は殺意を持っていたのはBさんで、A君は正当防衛で身を守ったに過ぎないような気がしてきます。ここで大事なことは、ア）もイ）も何ら嘘がなく、正確な事実を報告している点です。しかし、何がどう情報に盛り込まれるかによって、読み手が抱く印象が異なってしまうのです。[8]

(iii) 権威の利用：「〇〇大学教授」や「〇〇評論家」など、専門家が出てきたからといって無批判に信じないようにしましょう。専門家の意見は議論の根拠として重視されますが、当該の領域の本当の専門家かどうかは不明です。

理由が、調査結果や事例報告による場合は、調査計画や統計的処理にも注意を向けましょう。たとえば、

(iv) 図表に嘘はないか？（見せ方による嘘）：図表は結果が一目でわかる利点がありますが、著者の都合がよいようにまとめられている危険があります。
(v) 比較の対象はあるか、それは妥当か？（データ選択の嘘）：ある新しい教育方法を受けて成績が上がったとしても、比較する対象がなければ、その教育効果があったのかを結論することはで

（8） この注意点と例は、広田・伊藤（2010）を参考に作成しました。

きません。また，比較する対象があったとしても，2つの集団に大きな学力差があれば，結論を受け入れることはできません。

(vi)参加者は適切に選ばれているか？（データ収集の嘘）：ある政党の政策を評価するかどうかを調査するのに，その政党の支持者だけを調査対象としてしまうと，結果が偏ってしまいます。

(vii)指標（判断や評価の目印）は妥当か？：「健康さ」を調べるために，「血圧の値」を指標とするのはよいかもしれませんが，「視力の強弱」を指標とするのは適切ではなさそうです。

(viii)少数事例の過度の一般化：1つあるいは少数の目立つ事例で全体を一般化することです。

(ix)擬似相関を見抜く：2つの事象に相関がないのに，第3の要因によって相関があるかのように見える危険があります。

(x)相関関係と因果関係を混同しない：単に関連があるだけなのに，原因と結果を方向づけて解釈していることもあります。

ここでまとめたように，情報がたとえ事実であったとしても，都合がよいように切り取られていたり，まとめられていることがあります。では，どうすればよいのでしょうか。大事なことは，**書き手の「意図」を見抜く**ことです。つまり，問題と結論を正しく読み取った上で，なぜ「書き手はこれを問題とするのか？」という点を意識できるようになることです。情報の中身から一歩引いた地点からその情報を眺めてみることで，情報に振り回されないようになるのです（広田・伊藤，2010）。

たとえば，新聞も新聞社の方針があるため，ある法律1つとっても，社の方針が賛成か反対かで紙面から読み取れる印象はまるで違

ってきます。「A君がBさんを刺した」という例で、事実の報告の仕方によって、印象はまるで違うように見えたと思いますが、それと同様です。3章のコラム（p.69）で、複数の新聞を比較する（複数の情報源にあたる）癖をつけることを強調したのは、この意味からです。

これらの問題は、リサーチリテラシーを身につける上でとても重要です。7章に詳しくまとめていますので、参照してください。

では、練習問題をしてみましょう。

> **次の文章の問題点を指摘してください。**
> 子どもの成長を見ていると、本質は家庭環境にあると言えるかもしれない。私は、家庭で親が子どもと接触する時間が長ければ長いほど、道徳性や教養が備わった人間に育つと思っている。だから、子育てをするには、できるだけ、幼いころから子どもと一緒に遊んであげることが重要だ。

この文章の結論は「子育てには、幼いころから子どもと一緒に遊んであげることが重要」であるが、その理由は「親が子どもと接触する時間が長いほど、道徳性や教養が備わった人間に育つと思っている」というもので、これは主観的な意見です。理由が意見であることにこの議論の問題点があります。もし、この理由を押し通すのであれば、「親が子どもに接する時間の長短と、その子どもが成長した後の道徳性や教養の程度の高低」の関係について、何らかの文献やデータを見つけて、事実として証拠を提示する必要があります。

コラム　クリティカルシンキングを働かせた読み方

　東郷（2008）は、『打たれ強くなるための読書術』の中で、近年の大学生は「知的に打たれ弱くなっている」のではないかと問題提起をしています。知的に打たれ弱い症例は以下です。⁽⁹⁾

・すぐに解答を欲しがる
・どこかに正解がひとつあると信じている
・解答に至る道をひとつ見つけたらそれで満足してしまう
・問題を解くのは得意でも、問題を発見するのが不得手である
・自分の考えを人に論理的に述べる言語能力が不足している

　東郷（2008）は、このように知的に打たれ弱くなった要因の1つとして、「個人生活における読書という行為の衰退」を挙げています。つまり、読むのに時間と努力を必要とし、理解するのに思考力と想像力を必要とするような本を読んだり、そのような読み方をする機会が著しく減っていることが原因の1つと指摘しています。

　逆に、「知的に打たれ強くなる」とは、「正解」（文献に書いてあること）に性急に飛びつくのではなく、「わからない」という不安な状態に耐えることであるそうです。これは、まさにクリティカルシンキングを働かせた読み方に通じることです。そこで、クリティカルシンキングを機能させて学術的文章を読むことを繰り返し、「知的に打たれ強くなる」のを目指しましょう。

（9）　この症例を読んで、筆者ら自身が大学生だったころを振り返ると、自分に当てはまるものが多く、ドキッとしました。

5.4　その他の読み方のヒント

　ここまでは，クリティカルシンキングを働かせた読み方を詳細に紹介しましたが，読むときのコツはこれだけではありません。

　第1に，マーカーをひいたり，付箋をつけたり，書き込んだりしながら，本を読み進めると効果的です。再読するときに，以前につけたマーカーや付箋を見ていけば，自分にとっての重要点を探す手間が省けますし，何度も見ることで記憶の定着もはかれます。

　また，付箋や書き込みを見れば，そのときの様子（「大学の図書館で読んでいたときだ」「ちょうどこのとき友達から電話がかかってきた」など）も付随して思い出されるかもしれません。そうすれば，そのときに考えていたことがよみがえり，その続きから考えを深めていけるという利点もあります（4章参照）。

　さらに，マーカーや書き込みは，文章の構造を把握していく上でも有益です。前節で紹介したクリティカルシンキングによる読み方に慣れないうちは，「指標語に○をつける」「理由と結論にアンダーラインを引く」などの工夫をするとよいでしょう。

　書き込みのこのような長所を考えると，自分にとって必要な本はできるだけ「買う」ことが重要になってきます。図書館の本には書き込みをしてはならないからです。予算が許せば，躊躇せずに買いましょう。[10] 本から得られる利益は，平均すれば価格以上のものであると思います。また，自分が実際に身銭を切って支払うことで，本への愛着も増しますし，払った代金の分を得ようとするので内容理解に力が入るものです。

コラム　本に対する書き込み

　筆者（林）は，大学時代に何人かの子どもの家庭教師をしました。その際，最初の日にかならず気づく共通点がありました。それは，担当の子どもの教科書や参考書を見せてもらうと，ピカピカで，何の書き込みもなかったことです。そこで，筆者は「古本屋で売れるような使い方ではダメだよ。重要点にはアンダーラインを引いたり，気づいたことを書き込みするように」と指示を出しました。その後の成績の変化を見ていると，成績が向上した子どもの教科書では，アンダーラインや書き込みが増えていましたが，成績にあまり変化がない子どもでは，依然としてきれいなままであることが多かったのです。

　記憶研究の観点から言っても，本にアンダーラインや書き込みがあると，思い出しやすくなります（書き込むのに抵抗がある場合は，付箋を使って，そこに書き込むとよいでしょう。筆者もそうしています）。本への書き込みという作業は，自分にとってわかりやすくしているのです。

　ちなみに，家庭教師の経験では，教え子に力がついたなと思ったのは，問題集の問題の解答説明のミスを自力で発見したときでした。「メタ認知」が働いているからこそ，単に答え合わせをせずに，正解へ至る過程を追うことができて，ミスに気づけたのでしょう。これと同様に，みなさんが読む力を含めて学力がついたことに気づくのは，本の間違いを指摘できるようになったときといえるかもしれません。

---

(10)　アマゾン（3章を参照）には，「マーケットプレイス」という古書を扱った市場があり，安く買うこともできます。古書と言っても「コンディション」で状態を知ることができ，新品に近いものもあります。また，絶版本を入手できる可能性もあります。

5章 読む力（読解力）

5.5 知識が増える喜びを知る

　本章では，学術的文章を中心に「読む力」について，クリティカルシンキングを中心に，その技術を紹介してきました。この技術を身につければ，学術論文や研究書のように長くて難しく感じる文章でも，しだいに読みこなせるようになっていきます。でも，そもそも「やる気」が無いと，文章を読む行動は起きませんよね。なぜ，行動が起きないかと言えば，本を読むことに面白みを感じないからではないでしょうか。だとすると，読む力を鍛える上でもっとも大切なことは，**知識が増える喜びを知る**ことかもしれません。

　また，本を買ったり，図書館や先生から本を借りたら，「全部読まねばならない」と思い込んでいないでしょうか。本を全部読もうとすると挫折します。1冊の本で20％も役に立つ部分があれば十分と思いましょう。「2割が8割を制する（パレートの法則）」という言葉があります。この言葉を頭の片隅に置いて，2割の重要部分をしっかりと読むようにしましょう。

　どこが重要かをつかむには，「メタ認知」を働かせた読み方をすることになります。そのためには，キーワードを頭に入れて，何か引っかかることがあれば「アンテナ」を張っておくようにする（注意が向くようにする）ことが重要です。アンテナを張っておくことで，気になる部分で目が留まるようになることでしょう。この能力を鍛えるには，まずは読書量を増やす必要があります。英語の学習を始めたときのことを思い出してみましょう。さっぱりわからず，ほとんどの単語を辞書で調べたと思いますが，これを繰り返すうち

本屋で待ち合わせ

に，しだいに内容がわかってきたはずです。本を読むことも同じです。まずは，図書館にでも行って，手当たり次第に読んでみましょう。最初はわからない言葉が多すぎて嫌になるかもしれませんが，ここを乗り越えることが重要です。あるときから，少しずつわかるようになると思います。精神論は避けるべきですが，本に対する感性を養うには，ある程度数をこなさないといけないことも事実です。

　本に対する感性を養うには，3章で述べたように，「待ち合わせ場所を本屋にする」といった身近なことから始めるのも有益です。待ち時間に，新刊書をチェックして，世の中の流行をおさえたりすることもできます。身近なことから始めて本に対する感性を養っていくことが，読む力をつける上で有効です。本に対する感性が高まるにつれて，知識が増える喜びも増していくことでしょう。

7月中旬，大学図書館で2人が会話をしています。

まゆみ：「例の『メタ認知』の論文，そろそろ読み始めた？」

よしこ：「ゼミが近いからね。さすがにもう読み始めたよ」

まゆみ：「そうなんだ。ゼミの発表はうまくいきそう？」

よしこ：「うん，何とかなりそう。『問題』と『結論』，それに結論につながる『理由』に注目して読むようにしたら，だいぶ読めるようになったよ」

まゆみ：「すごいじゃん！　いつの間にかレベルアップしてない？」

よしこ：「えへん。だってがんばってるもん！　でも，この文献はデータの数が少ないから，根拠がちょっと弱いかな」

まゆみ：「よしこ，かっこいい！　できる女って感じだよ」

よしこ：「えへへ，照れるなあ（これも『リサーチリテラシー入門』を読んで勉強したおかげかな？）」

本章のまとめ

学術的文章を読むときは，クリティカルシンキングを働かせる

クリティカルクエスチョン

①文章を正しく読み取る（問題，結論，理由を把握する）

②言葉の曖昧さをチェックする（著者の定義を確認する）

③議論を評価する（事実と意見を区別する。言葉のすりかえや，図表に嘘はないかなど注意する）

本に対する感性を養う

①記憶しやすいように，マーカーや付箋を使って読み進める

②知識が増える喜びを知る

③メタ認知を働かせて，どこが重要かをつかむようにする

引用文献

ブラウン, M.・キーリー, S. 森平慶司(訳)(2004). 質問力を鍛えるクリティカル・シンキング練習帳 PHP研究所

広田照幸(2007). 試験に役立たない教育用語解説第1回 怪しい言葉, ベタベタした言葉, 分からない言葉 教員養成セミナー2007年9月号, 88-89.

広田照幸・伊藤茂樹(2010). 教育問題はなぜまちがって語られるのか?―「わかったつもり」からの脱却 日本図書センター

楠見 孝・子安増生・道田泰司・林 創・平山るみ(2010). クリティカルシンキング―情報を吟味・理解する力を鍛える ベネッセコーポレーション

道田泰司・宮元博章・秋月りす(1999). クリティカル進化(シンカー)論―『OL進化論』で学ぶ思考の技法 北大路書房

大薗博記・吉川左紀子・渡部 幹(2006). 協力性の情報が顔の記憶と行動選択に及ぼす効果―社会的交換課題を用いて 認知心理学研究, **3**, 157-166.

東郷雄二(2008). 打たれ強くなるための読書術 ちくま新書

6章　書く力（執筆力）

　　前期の授業も終わりに近づき，試験シーズンがやってきました。
よしこ：「山林先生の『心理学演習』のテスト，50点しかとれなくて，不可だったよ……」
まゆみ：「指導教員の授業の単位落とすなんて，信じられない……」
よしこ：「私もそう思うよ。でも，救済のレポートが出たんだ！」
まゆみ：「へえ，そうなんだ。で，どんなレポートなの？」
よしこ：「えーと，次の3つの中から1つ選んで書けだって。

　①坂井克之（著）『心の脳科学』を読んで要約しなさい
　②心の問題を科学で調べることは妥当かどうか考察しなさい
　③人の心の発達について，何でもいいので自由に論じなさい

まゆみ：「それで，よしこはどのレポートにするの？」
よしこ：「③が簡単じゃない？　何でも自由に書いていいんだから，書きやすそうだよ。①は本を買わないといけないからお金かかるし……。②は本を読まなくても書けそうだけど，「心の問題」って，どんなものがあったっけ？　調べるの面倒くさそう」
まゆみ：「えっ，そんな簡単に決めていいの？」
よしこ：「だいじょうぶ。任せておいて！　私，高校まで感想文が得意だったんだ。きっとよい点もらえるよ」

高校まで感想文が得意だったというよしこは，これまで評価された感想文のように，感じたことを生き生きと書いて提出しました。しかし，山林先生からレポートの再提出を言われてしまいました。よしこは，なぜ自分のレポートがダメだったのかがわかりません。

6.1　大学で求められるレポートや論文とは？

　これは，泉（2009）を参考に考えた仮の場面ですが，あなたが同じ立場であれば，どれを選ぶでしょうか？　よしこと同様に，③が楽でいいかもと思った人は，大学で要求されるレポートや論文がどのようなものか，まだよくわかっていないかもしれませんね。

　大学で求められるレポートや論文は，学術的文章です。5章で，学術的文章とは次のような構成をした文書であることを学びました。

> a）何らかの「問題」を提起している
> b）問題に対して，「理由」を示しながら，論理的に「解答」（結論）している
> c）理由を裏付けるために，「証拠」を提示（文献やデータなどの資料を引用）している

　みなさんが自力で作成するレポートや論文も，a）〜c）の3点が含まれるものにすることが求められます。このうち，とりわけ難しいのが，自分で「問い」を立てるa）のステップです（2章参照）。レポート課題①と②では，このa）が不要です。さらに，①では参照すべき資料が提示され，書いてあることをまとめるだけでよいので，b）とc）も不要です。ですので，学術的文章の骨格を求められていない①が，じつはもっとも楽な課題なのです。

みなさんは大学に入学するまでに，読書感想文など多くの感想文や作文を書いてきたと思います。その際，自分が気づき，感動したことをありのままに書くことを推奨されてきたのではないでしょうか。大学ではそのような書き方は評価されないので，こうした文章を書くのに自信があったり，褒められたりした経験がある人ほど注意が必要です。**大学で求められるレポートや論文は，高校まで評価された感想文や作文とは違うので**，意識的に書き方を変えなければならないのです。

6.2　よいレポートとよくないレポート

ここで，具体的な文章を見ながら，レポートや論文で鍵となる点を考えてみましょう。テーマは，いずれも上記の「③人の心の発達について，何でもいいので自由に論じなさい」としています。(1)

まずは，よくないレポートの例からです。

> **例1）学術的な対象でない題材を取り上げている**
> このレポートで，私は「自分の成長」と題して，人の心の発達に関するレポートをまとめたい。高校までの私は，クラブ活動に打ち込んだり，ボランティアをするなど，自発的に多くのことに取り組んできた。しかし，自分がいったいどのように成長し，心が発達したのかと考えたことはなかった。そこで，自分の成長を知ることを目指して，このレポートを書いていくことにする。
> ……（以下，略）

（1）　これらの注意点と例は，酒井（2007）を参考に作成しました。

「自分の成長」を知ろうとするのは、書き手の個人的問題です。個人的な関心や問題を扱うだけの文章は、学術的文章ではないので、大学で求められるレポートや論文としては不適切となります。

例2）調べたことを書いただけ

　人の心の発達において、「心の理論」という概念がある。これは、他者の行動を、意図や信念や知識といった心の状態を想定して理解する枠組みのことである。子どもが心の理論を何歳ごろから獲得するかについては、「誤信念課題」によって調べられる。

　誤信念課題とは……（以下、その説明をしている）

　　　……（中略）……

　以上から、心の理論は幼児期に発達することがわかる。

この例では、「心の理論」という学術的概念に着目し、自分で文献を調べている点はよいのですが、学術的文章に欠かせない「問題提起」がありません。したがって、「解答」（結論）もありません。ただ、調べたことを書いてまとめただけです。このように、調べたことを書いただけの文章では、どれだけ丁寧に記されていても、学術的には不十分です。このタイプのレポートは実際に頻繁に見られるので、注意をしましょう。

例3）学術的な解答がないレポート

　近年、子どもが親を殺してしまうという痛ましい事件を頻繁に聞くようになった。この背後には、親が子どもの適性や心の発達を考えず、自分の価値観を押し付けたり、無理難題を強いていることがあるのではないだろうか。

　　　……（中略）……

　私は将来、子どもの心がわかってあげられる親になりたいと心から

> 思う。そのためには，大学でしっかりと心理学を学び，また，ボランティアで子どもたちと接する機会を増やすことが大事だと思うので，努力していきたい。

「尊属殺人がなぜ生じるか」を探ることは，学術的問題となります(2)。したがって，「尊属殺人が親の無理解によるのではないか」は問題提起となります。ただし，この例では個人の熱い思いや志が書かれているだけで，社会的にどうすればよいかなど，**学術的な解答（結論）がありません**。また，**問題に関わる文献やデータなどの資料も提示されておらず，学術的に不十分な点が残ります**。

次に，よいレポートの例を見てみましょう。

> **例4）学術的なレポート**
> 一般に，子どもは成長する過程で，親や教師から「うそをつくな」と繰り返し教えられるものである。この背後には，「うそは悪いこと」という考えがあると思われる。しかし，子どもの心の発達にとって，うそは悪いことなのであろうか。
> たしかに，子どもは成長するにつれて，相手の心に敏感になり，相手の知らないことを見抜いて，うそをつくようになる。自分の欲望を満たすために，うそをついて相手を傷つけることは，子どもといえども許されることではない。しかし，相手の心に敏感になるということは，物事を相手の視点から考え，共感できるようになることでもある。たとえば，嬉しくないプレゼントをもらっても，しだいに笑顔ができるようになる。これもうその一種といえるが，「相手を傷つけないた

（2）　尊属殺人とは，目上の親族を殺害することです。

めのうそ」である。このように，他者の感情を推測して自分自身の感情の表出や行動をコントロールすることを「表出ルール」という（清水，2009）。

こうした表出ルールの発達を考えると，うそは社会性の発達の現れとも考えられるだろう。それゆえ，子どもの発達にとって，うそはかならずしも悪いものではないと思われる。

引用文献
清水由紀（2009）．児童期②：友人とのかかわりと社会性の発達　藤村宣之（編著）発達心理学—周りの世界とかかわりながら人はいかに育つか　ミネルヴァ書房　pp.108-124.

この例では，「子どもの心の発達」について，「うそは悪いことなのか？」という問題提起がされ，それに対応して，「かならずしも悪くない」という解答（結論）が提示されています(3)。さらに，その結論を導くために，社会性の発達という理由を挙げており，しかも理由を裏付けるために，清水（2009）という文献を引用し，「表出ルール」の考え方を用いて，「証拠」を提示しています(4)。それゆえ，a）問題の提起，b）理由を示しながら結論，c）理由を裏付けるための証拠の提示，という3点がすべて含まれており，学術的文章として成り立つのです。

（3）　この結論が妥当かどうかは，みなさんもクリティカルシンキングを働かせて，考えてください。「学術的文章として成立している」ことと，「結論が妥当である」ことは別問題です。
（4）　引用の記述方法とそれを守る大切さについては，6.4節を参照してください。

もちろん、レポート課題によっては、冒頭の①のように、「…（文献名）を読んでまとめよ」といった形で出題されることもあるでしょう。その際は、指示の通りにすべきです。ただ、「…を調べなさい」という形で出題されるような場合は、調べることを求められるという時点で、そこにさまざまな学術的問題があることが予想されます。そこで、こうした出題であっても、調べたことを書くだけでなく、「…とは何であるか」「どのような問題があるのか」「問題を解決するために何が行われている（行われるべき）か」といったことをまとめると、一段レベルの高いレポートになると思います（酒井, 2007）。

6.3 「読む」と「書く」は表裏の関係

　5章で、学術的文章の読み方を学びましたが、じつは「読む」と「書く」は表裏の関係です。ということは、**読み方で学んだ注意点を書く際にも意識すれば、学術的なレポートや論文を書けるようになり**ます。そのためには、5章のクリティカルクエスチョン①〜⑥に対応して、次のクリティカルチェック❶〜❻を意識することが有効です。

　ここから、5章の順序に沿いながら具体的に見ていきましょう（ただし、執筆をこの順で進めなければいけないということではありません。この

読む⟷書く

> **クリティカルチェック**
> 第1段階：議論の骨格を明確にする
> 　❶何を問題としているかを明示する
> 　❷結論（主張）を明示する
> 　❸結論（主張）を支える理由を明示する
> 第2段階：情報をはっきりさせる
> 　❹言葉の曖昧さをなくす
> 　❺隠れた前提を減らす
> 第3段階：議論を評価する
> 　❻理由を確かなものにする

点は，6.5節を参照してください）。

第1段階：議論の骨格を明確にする

　文章を読む上でもっとも大切なのは，「文章を正しく読み取る」ことでしたが，これと対応して，文章を書く上でもっとも大切なのは，「**文章を正しく読み取ってもらえるようにする**」ことです。自分の言いたいことを正確に読み取ってもらえないと，誤解が生まれるからです。(5) 最初にすべきなのは，**問題と結論と理由をわかりやすく記し，議論の骨格を明確にする（❶～❸）**ことです。

---

(5) 6.7節でも触れますが，レポートや論文を書いても，相手に真意が伝わらなかった場合は，自分の書き方が悪いと考えてみましょう。何が悪かったのかを振り返るようにすると，「書く力」が向上します。

6章　書く力（執筆力）

❶何を問題としているか，そして，❷結論は何かを明示する

5章で述べたように，「問題」が明示されていないと，読み手はまず「結論」を探してから，結論と対応するものを問題として想定します。でも，この作業は読み手に負担がかかるばかりか，自分（書き手）が意図したことと違う問題を想定される危険もあります。文章を書く場合は，何を問題としているのか，そして結論として何を伝えたいのかを明示してください。

その際，読み手が結論を見つける手がかり

(1)結論のありそうな場所を探す
(2)結論のための指標語を探す

を思い出しましょう。自分が書き手になった場合も，こうした点に注意すると有益です。自分が伝えたい結論を文章や段落などのまとまりの始めや終わりに配置したり，結論の前後に「したがって」「…ということである」といった指標語を意識的に配置するわけです。こうすれば，読み手は結論を誤解せずに見つける可能性が高くなるのです。実際に例4）（p. 137）では，結論が文章の終わり（結論のありそうな場所）に置かれていて，読み手にとっての手がかりが用意されていますね。

問題と結論を明記する際は，対応しているかどうかもチェックしてください。問題と結論が対応していないと気づいたときは，結論に合わせて問題を再設定しましょう。たとえば，「うそは悪いことか」という問題意識で書き進め，「うそは悪い」という結論にまとめようとしていたものの，発達にとって大事な面があることに気づき，「うそをつけることは，人間の発達にとって重要である」とい

うメッセージ（結論）を伝えたくなったとしましょう。この場合，問題と結論が対応しないので，問題を結論に合わせて「うそは人間の発達にとって重要か」といったように書き変えて，論理展開を保つようにしてください。問題意識が途中で変わることに不安を覚えるかもしれませんが，**問題から結論に至るまで，論理展開が乱れず一貫していること**が重要です。

❸結論を支える理由を明示する

　問題と結論に続いて，結論を導く理由をはっきりと書きましょう。議論では理由が不可欠です。もし，「（理由はないけど）こうした方がいいと思う」とか「私はこれが好き」といった意見しかなければ，たんなる好みの主張になってしまいます。好みだから人それぞれで，議論が成立しないのです（道田・宮元・秋月，1999）。

　理由を明示していくには，読み手が理由を見つける手がかり

(1)「なぜ？」と問う
(2)理由のための指標語を探す

を思い出しましょう。読み手が結論に対して抱く「なぜそのように考えるのか？」という問いにきちんと答えられているかを意識すれば，理由を洗練させられます。また，論理的な関係が明らかになるように，理由の前後に「なぜなら」や「それゆえ」などの指標語を意識的に配置するのも有益です。このようにすれば，読み手は理由を見つけやすくなります。実際に例4）(p. 137)では，理由は「社会性の発達」（第3段落）でしたが，その後に「それゆえ」という言葉（理由のための指標語）が置かれていて，手がかりが活用され

ていますね。

第2段階：情報をはっきりさせる
❹言葉の曖昧さをなくす

　曖昧な言葉を使うと，読み手が多様な解釈をし，誤解が生じます。小説ではあえて多様な解釈ができる言葉を使うこともありますが，学術的文章ではそのようなことをしてはいけません。「**❹言葉の曖昧さをなくす**」意識をもってください。その際，読み手がキーワードに着目する際の手がかりだった

(1)抽象的な言葉に気をつける
(2)定義が妥当かどうかをチェックする

ことを思い出してください。キーワードについて，読み手は自分と同じ解釈をしてくれるとは限らないと思っておけば，「社会性」「健康」「平和」といった頻繁に使う抽象的な言葉にも注意が向きます。錨がないと船はフラフラ動いてしまう（5章図5-4（p.117）参照）ように，**定義がなければ，言葉の解釈に誤解が生じます**。抽象的な言葉を使う際は，できる限り定義を明示して，その言葉の指す意味や内容，範囲を明らかにしておくことが大切です。また，次のようにキーワードが指す内容を分類して，（「結論」に合わせて）自分が展開する議論で用いる方に限定しておくのも論理的に書き進める上で有効です。

> うそには，「相手を傷つけるうそ」と「相手を傷つけないためのうそ」がある。本論では「相手を傷つけるうそ」に焦点を当てることにする。……

ただし、このような手法では、**定義や分類の仕方が妥当かどうかに注意する**必要があります。辞書の定義を確認したり、日常と照らし合わせて、定義や分類の仕方がズレたものになっていないかに注意しましょう。

❺隠れた前提を減らす

　何かを伝達する上では、自分では当然だと思っていることを省いてしまいがちです。5章で述べたように、これは「隠れた前提」を生み出します。しかし、自分では当然と思っていても、他の人にはそうでない場合がよくあります。そこで、「❺隠れた前提を減らす」ことが誤解を避けるうえで大切です。

　たとえば、例4）の書き出しが、次のようだと、はじめて読んだ人はどう感じるでしょうか。

> 一般に、子どもは成長する過程で、親や教師から「うそをつくな」と繰り返し教えられるものである。しかし、子どもの心の発達にとって、うそは悪いことなのであろうか。

　もしかすると、「うそをつくな」という指導から、いきなり「うそは悪いことか」という問題意識に移ることに飛躍を感じるかもしれません。そこで、例4）では、

> この背後には、「うそは悪いこと」という考えがあると思われる。

という一文をあえて補うことで、隠れた前提を減らしています。

隠れた前提を意識して減らそう

隠れた前提は，自分では当然と思っている場合に生じやすいので，自力で気づくのは難しいものです。しかし，メタ認知を働かせて（0章参照），一段高いところから自分の考えを確認し，文のつながりに飛躍はないかを意識するように努めると，隠れた前提に気づきやすくなるはずです。

第3段階：議論を評価する

読む場合は，理由を見つけるだけでなく，「⑥理由は確かか？」を考えることが大切だと学びました。これに対応して，書く場合も単に理由を記すだけでなく，**「❻理由を確かなものにする」**ことが欠かせません。

❻理由を確かなものにする

(1) 事実と意見の区別

「事実」とは，証拠をあげることができるもので，「意見」とは，ある人が考えた判断のことであると5章で学びました。この意味で，レポートや論文の結論は意見です。ただし，結論を支える理由は事実であることが望ましいことも記しました。つまり，結論は「事実に基づいた意見」であることが求められるのです。

ここで，事実と意見の違いをもう一度考えてみましょう。「東京は，日本の首都である」は事実ですが，「東京は，日本の魅力的な都市である」は意見であると学びました。それでは，次の文は，事実でしょうか，意見でしょうか。

「東京は日本の魅力的な都市である」と○○に記されていた。

これは「事実」です。もちろん，東京が日本の魅力的な都市かどうかは賛否が分かれますが，そのことが「〇〇という本に載っている」ということは，その本の該当ページを示せる（証拠をあげられる）ので，事実なのです。

　じつは，レポートや論文をまとめる上で，この点が鍵になります。というのは，調べた文献の中に事実とは言い切れないものがあっても，それを引用するときに「〇〇という文献に書かれていた」と明記すれば，「事実」を記述したことになるからです（藤田，2006）。そこで，**事実と意見を区別し，正確に引用するルールを知っておく**ことが大切です（引用のルールは6.4節参照）。

(2)証拠が歪曲していないか注意する

　5章で，**著者は自分の結論を支えるために，理由としてさまざまな証拠（研究結果，日常例，統計，専門家の意見など）を使う**ことを学びました。みなさんが**レポートや論文を書く場合も，積極的に証拠を提示して，理由を補強しましょう。**

　ただし，証拠が歪んだものになっていないか注意してください。5章で紹介した例で言えば，「事実の切り取り」がありました（広田・伊藤，2010）。何かを主張するには，自分の考えを支持する事実を提示していきますが，自分に都合のよい事実だけを切り取るのは避けましょう。自分の考えとは違う事実も紹介した上で議論を展開すると説得力が増します。また，「権威の利用」として，専門家の意見を引用することも有益です。ただし，当該の領域の本当の専門家かどうかを注意しながら，複数の情報源にあたるとよいでしょう。調査結果や事例報告を証拠に使いたい場合にも，相関関係を因果関

係と誤解して書かないようにするなど,さまざまな注意が必要です。
　こうした点は,リサーチリテラシーを身につける上でとても重要で,7章に詳しくまとめていますので,参照してください。

6.4　約束事を守る

　ここまでは,クリティカルシンキングを働かせて学術的な文章を書く方法を紹介しました。ここからは,学術的文章を書いていくときの「約束事」に注目します。

書式の確認
　まず,基本的な書式の確認です。
（1）指定された字数を守る
　指定された字数や枚数を守るようにしてください。たとえば,「2,000字以内」という指定があれば,2,000字を一字でも超えてはいけません。逆に短すぎてもいけません。少なくとも8割程度を目安にして,1,600字程度から2,000字までの範囲で書くとよいでしょう。「約2,000字」や「2,000字程度」といった指定であれば,±1割程度を目安にして,1,800字程度から2,200字程度の範囲で書くとよいでしょう。
（2）ページ設定
　卒業論文などでは,所属する学科やコースで,使用する用紙のサイズや1ページあたりの字数など細かい規定が定められていることがあります。その場合は,その規定に従って仕上げてください。

(3) 段落の設定

　内容が変わるところで，適宜，段落を変えてください。また，段落が変わったら，最初の一字を下げましょう。意外と忘れやすいので，強く意識してください。

(4) 禁則処理

　禁則処理とは，行頭や行末に来てはいけない記号についての禁止事項のことです。これらは，ワープロの場合は自動的に処理されるはずですが，その原則を忘れないようにしましょう。

　　行頭にきてはいけない記号　。，」）"
　　行末に来てはいけない記号　「（"

(5) 行と列のバランスを取る

　「字間は小さく，行間は大きく」を意識しましょう。字間と行間が逆転すると，横書きのはずが縦書きのように見えて，とても読みにくくなります（図6-1）。

(6) 余白を取る

　上下左右の余白も適宜取ってください。上や左をホッチキスでとめたり，穴を空けて綴じるような場合は，そのスペースを考慮します。紙の端ギリギリまで文字で埋める人がいますが，読み手としては息苦しく感じますし，メモを書いたり付箋を貼るスペースもなくなるので困ります。

(7) 全角文字と半角文字を意識する

　アルファベットや数字は，半角文字を使いましょう。次の2つを比較すると，全角文字のアルファベットや数字は読みにくいと感じるはずです。ただし，数字については，一桁では全角文字（二桁以

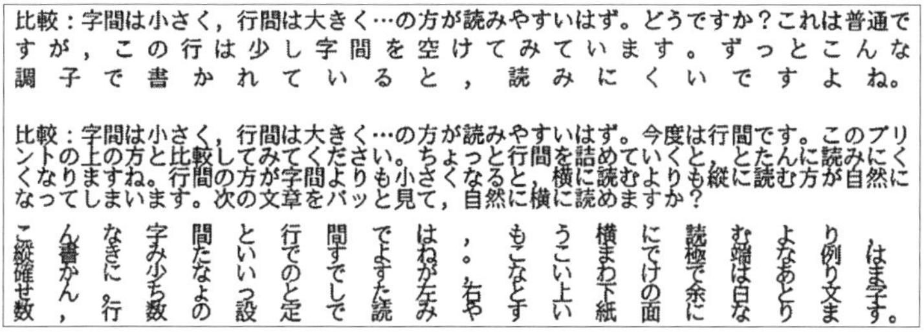

6章　書く力（執筆力）

> 比較：字間は小さく，行間は大きく…の方が読みやすいはず。どうですか？これは普通ですが，この行は少し字間を空けてみています。ずっとこんな調子で書かれていると，読みにくいですよね。
>
> 比較：字間は小さく，行間は大きく…の方が読みやすいはず。今度は行間です。このプリントの上の方と比較してください。ちょっと行間を詰めていくと，とたんに読みにくくなりますね。行間の方が字間よりも小さくなると，横に読むよりも縦に読む方が自然になってしまいます。次の文章をパッと見て，自然に横に読めますか？
>
> 例りは文字ます。あとり余白な極めて面にけの紙うこい上もなとす。でますた読でしで行との定といっ設間たなよの間すでしてでます読はねが左み。字み少ち数きにん書かなきに，行ご緻確せ数ん，

図6-1　字間と行間のバランス（藤田，2006より転載）

上では半角文字）で書くことも多いです。

　　全角文字：Ｐｓｙｃｈｏｌｏｇｙ２０１０
　　半角文字：Psychology2010

（8）文体を揃える

　文章を書く場合は，「です・ます調」か「である調」のどちらかに統一してください。学術的文章では，「である調」で一貫させてよいでしょう。

（9）ページ番号を入れる

　複数のページからなる文書では，ページ番号をつけてください。他の人に内容を伝える場合に，「〇ページの…のあたりを見てください」と言えるので，役立ちます。また，途中のページが抜けていないかを確認するのにも役立ちます。ページ番号を入れるには，ワープロソフトのページ番号を挿入する機能を使ってください。最初のページから自動的に通し番号をつけるので，文章の途中で追加や削除をしてもページ番号がズレません。

図表の作成

文章でわかりやすく表現することが難しい場合も，図や表を用いて，視覚的に示すとわかりやすくなります。とくに数値をまとめる場合は，グラフ（図）や表を積極的に作成しましょう。その際，次のような図表作成のルールを頭に入れておきましょう。

（1）同じ情報の図と表はどちらか一方にする（紙幅の節約）

　　表：数値を正確に把握しやすい

　　図：条件間の比較をしやすく，違いを把握しやすい

（2）表のタイトルは表の上に，図のタイトルは図の下に配置する

（3）図表に通し番号を入れる

　　図1，図2，…，表1，表2，…というように通し番号をつけ，適宜本文で，「図1を参照」などの表記を加えるようにしましょう。図（表）が1つしかなくても，図1（表1）としてください。

（4）グラフの使い分け

　　棒グラフ：各項目の比較を表わすとき

　　折れ線グラフ：各項目の変化を表わすとき

　　円グラフ：全体の中でどれくらいの割合かを表すとき

ここで，練習問題です。次のデータをグラフにする場合，どのグラフを用いるのが適切でしょうか。理由も合わせて考えてください。

---

① 4歳と6歳の平均身長をグラフにする場合
② ある学年の2クラス（1組と2組）のテストの平均点をグラフにする場合

6章　書く力（執筆力）

図6-2　グラフの使い分け

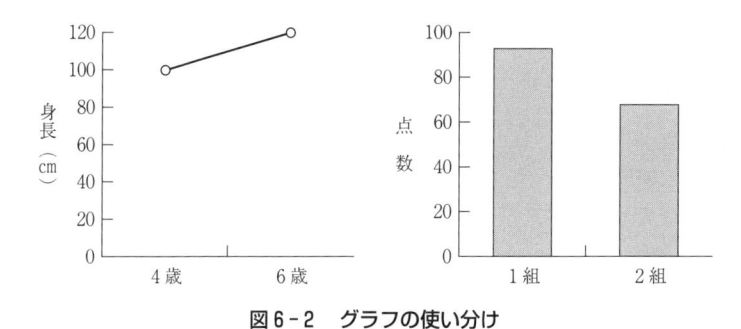

答えは，①が折れ線グラフで，②が棒グラフです。

ポイントは横軸にとるものが量的か質的かです。①の「4歳」と「6歳」は連続して変化していく量的なものなので，その間の値，たとえば，「5歳」や「5.5歳」などが存在します。そこで，折れ線にして間をつなぐ意味があるのです。図6-2のように，4歳と6歳の平均身長がそれぞれ100cmと120cmであれば，その真ん中の5歳の平均身長はおおよそ110cmと考えられますし，そのように考える意味を持ちます。(6)

これに対して，②の「1組」「2組」は質的なもので，「1組」と「2組」の間として，「1.5組」というのは存在しません。また，

（6）　ただし，このように考えることが意味を持つのは，例に示した子どもの平均身長のように，時間経過とともに，直線的に値が増加していくという想定に無理がない場合です。平均身長ではなく，個人の身長の変化だったら，1年でちょうど10cmずつ増えていくのではなく，ある時期は停滞し，別の時期に急に伸びたりすることもあるでしょう。また，株価のような経済指標は，時間経過とともに単調増加することは考えにくく，その時々で値が変動するものですから，平均身長のように単純化して考えることはできません。

「1組」と「2組」を左から並べていますが,「2組」「1組」の順序で並べても差し支えありません。このような場合,折れ線グラフにしても,途中の値を読み取る意味がありません。そこで,棒グラフが一般的なのです。

　4章で,紙媒体の資料や電子媒体の情報の整理法を検討しましたが,このようにデータなどを見やすく適切に図表にまとめる力も「情報整理力」と言えます。「書く力」を書き手が伸ばしていく上では,こちらの情報整理力も高めておきましょう。

引用の記述

　次に,レポートや論文を書くときに参照した文献の取り扱いに移ります。高校までは,自分の感じたことをまとめると評価されたと思いますが,大学では文献を調べていること自体が評価されるので,文献を遠慮なく参考にしましょう。ただし,**入手した文献から,自分で考えたかのように書き写すと「盗作」や「剽窃(ひょうせつ)」となり,犯罪ですので絶対に避けましょう。文献の記述を用いた場合は,必ず引用のルールを守ってください。**引用のルールを守っていないレポートや論文が多いため,それが守られていると教員は「おっ」と思い,レポートの印象がよくなります(コラム参照)。

無断引用はダメ

コラム　引用文献リストをおろそかにしない

　論文やレポートの出来がよいかどうかは，じつはある部分を見るだけで，かなりの確率で判断することができます。それは，論文やレポートの末尾にリストアップする「引用文献」の欄です。

　論文やレポートをしっかりとまとめるには，テーマについて，過去に何が明らかになっているのかを正確に引用することが不可欠です。そして，本文中で引用した文献は，かならず論文やレポートの末尾で「引用文献」としてリストにまとめるのがルールでした。この引用文献の欄の書式は，学問分野や学術雑誌により多少は変わりますが，基本的に必要な情報は共通しています。

　よいレポートや論文は，引用文献欄も正確に書けていることがほとんどです。なぜかというと，引用文献欄は提出間際にあわてて仕上げる人が多く，そのようにして書かれたレポートは，たいてい内容全体が不十分であるからです。時間切れで，中途半端な清書で提出してしまうということは，本文をそれだけぎりぎりまで書いていたということで，本文が練られていないことの証となってしまうのです。引用文献は，最後に作るのではなく，執筆中の時間に余裕があるときに引用するたびに作っておきましょう。

　文献をレポートや論文で引用する際には，文献情報が必要になります。卒論やレポートを書くときになって，どの文献からコピーをしたのかわからなくなる学生がかならずいます。書誌情報や入手経路をコピーの片隅にメモしておきましょう。ただ，これは面倒になってくるので，本の奥付のページのコピーもケチらずに取るのがよいでしょう。
（論文をコピーする際も，本文だけでなく，引用文献リストの最後までコピーしましょう。引用文献リストをコピーしないと，「芋づる式」（3章参照）の収集に役立てられませんし，本文で引用されている文献がどのようなものなのかもわからなくなります。）

(1) 本文での引用のしかた

本文での引用のしかたは、大きく2つの書き方があります。1つ目は、文献に記されている知見や考え方を、自分で要約して引用する場合です。この場合は、次のような記述をします。

> 例1：溝上（2006）によれば、大学生が将来やりたいことに向けて行動する際、それは勉強に表れるという。
>
> 例2：大学生が将来やりたいことに向けて行動する際、それは勉強に表れるという指摘がある（溝上，2006）。

2つ目は、もとの文献から直接抜き出して記す場合です。この場合は、例3のように「」でくくりましょう。「」の中は、もとの文献の表記と同じになるように転記してください。勝手に省略したり、表現を変えてはいけません。

> 例3：溝上（2006）は、「大学生にとって将来やりたいことに向けての行動的次元は主として勉強に表れる」と述べている。

(2) 引用文献リストの書き方

本文中で引用した文献は、レポートや論文の末尾でまとめて、詳細を記します。これが「引用文献リスト」になります。[7] 読み手がレポートや論文を読んで、引用されている文献に関心をもった際に、**読み手が自力で探し出せる情報を掲載する必要があります。**

ただし、学問分野で引用文献リストの表記の方法は多少違うので、

（7） この本の各章末の「引用文献」覧も参考にしてみてください。

6章 書く力（執筆力）

自分の所属する分野に合わせましょう。ここでは，日本心理学会刊行の学会誌『心理学研究』の表記を例にまとめます。

まず，図書の場合は，奥付に載っている著者名，出版年，書名，出版社の情報が必要になります。

例4：1人の著者の場合
　　　溝上慎一（2006）．大学生の学び・入門―大学での勉強は役に立つ！　有斐閣アルマ
例5：複数の共著の場合
　　　山田剛史・林　創（2011）．大学生のためのリサーチリテラシー入門―研究のための8つの力　ミネルヴァ書房

例5のように2人による共著を本文中で引用する場合，2度目以降に引用する場合も，「…である（山田・林，2011）」「山田・林（2011）によると，…」というように，2人の名前を繰り返し記します。3人以上の共著の場合は，2度目以降に本文中で引用する場合は，「…である（山田他，2004）」「山田他（2004）によると…」というように，第1著者の名前に「他」をつけて記します。

次の例6は，藤田哲也という人が編集し，ミネルヴァ書房という出版社から出版された『絶対役立つ教育心理学―実践の理論，理論を実践』という本の中で，林　創という人が記した「発達の理論―発達を見つめる枠組み」という部分から引用した際の書き方です。本文中で引用するときには，「…である（林，2007）」というように，編著者名（例6では「藤田」）ではなく，引用した部分の執筆者名（例6では「林」）を記してください。該当ページも記しましょう。

155

例6:本の中のある章から引用した場合
  林　創(2007).　発達の理論―発達を見つめる枠組み　藤田哲也(編著)絶対役立つ教育心理学―実践の理論,理論を実践　ミネルヴァ書房　pp.117-131.

　翻訳書の場合は,著者の名前がアルファベット表記であれば,そのまま書きますが,カタカナ表記であれば,それを記します。元の著者の後ろに翻訳者名(例7では2人)を記します。

例7:翻訳書の場合
  ミズン,S.　松浦俊輔・牧野美佐緒(訳)(1998).　心の先史時代　青土社

　次は「学術論文」の書き方を説明します。学術論文とは,学会が発行している学術雑誌に掲載されている論文や,大学が発行している紀要という雑誌に掲載されている論文のことです(3章参照)。本文中での引用の仕方は,図書の場合と同様です。巻は太字にします。

例8:学術論文の例(日本語の場合)
  山田剛史(1998).　単一事例研究における評価の専門性と一般性　行動分析学研究,**13**,63-65.

　卒業論文や修士論文などでは,外国語の論文を引用する機会もあるかもしれません。その場合,雑誌(例9)や,図書(例10)の名前をイタリック体という斜めの文字にします。巻は太字にします。また,外国語の図書の場合は,出版地(例10では,Oxford)も書きます。

例9：学術論文の例（英語の場合）

> Hayashi, H. (2010). Young children's moral judgments of commission and omission related to the understanding of knowledge or ignorance. *Infant and Child Development*, **19**, 187-203.

例10：図書の例（英語の場合）

> Sperber, D., & Wilson, D. (1995). *Relevance: Communication and cognition* (2nd ed.). Oxford: Blackwell.

新聞やインターネットの情報を記載する場合は，特定しやすいように日づけ等，詳細な記載をしておきましょう。

例11：新聞の引用
　　日本経済新聞（大阪）2010年7月20日朝刊2面
例12：インターネットからの引用
　　岡山大学教育学部ホームページ
　　　http://www.okayama-u.ac.jp/user/ed/Edu.html
　　（2010年7月5日閲覧）

新聞では編集局の所在地によって内容が異なる場合があるので，「（大阪）」などと書くとよいでしょう。第一面の新聞のタイトルの下あたりに「大阪本社」など編集された場所が記されているはずです。

インターネット上の情報を，論文やレポートに引用することは，現時点ではあまりお勧めできませんが，必要な場合には，HPの作成日をリストに載せましょう。作成日が分からない場合は，閲覧した日付を載せ，念のためプリントアウトを保管しておくことが無難

です(4章で紹介したEverNoteを使って,クラウド上に保存しておくという手もあります)。インターネット上の情報の更新が速く,書き手がレポートを書いた時点では参照できても,読み手が読む時点では参照不可能になっている場合もあり,確認が困難だからです。

(3) 引用文献リストでの文献の並べ方

 引用文献リストでの文献の並べ方にもルールがあります。著者名(複数の著者による共著の文献では,第1著者の名前)のアルファベット順に並べます(例13では,林はhで,山田はyで始まるため,林の文献を先に並べます)。

 同一著者による文献を複数引用する場合は,出版年が古いものから順番に並べます(例13では,林(2007)がHayashi(2010)より先になります)。同一著者による単著と共著がある場合は,単著の方から先に並べます(例13では,山田(1998)が山田・林(2011)より先になります)。出版年のルールと単著/共著のルールでは,後者が優先されます。つまり,共著の出版年が単著よりも古くても,単著の方を先に並べるのです(例13では,山田(2008)が山田・村井(2004)より先になります)。さらに,第1著者が同じである共著が複数ある場合は,第2著者のアルファベット順に並べます(例13では,林はhで,村井はmで始まるため,山田・林(2011)が山田・村井(2004)より先になります)。

 例13:引用文献の並べ方
　　　　　　林　創(2007).発達の理論―発達を見つめる枠組み
　　　　　　藤田哲也(編著)絶対役立つ教育心理学―実践の理

論,理論を実践　ミネルヴァ書房　pp.117-131.

Hayashi, H.（2010）. Young children's moral judgments of commission and omission related to the understanding of knowledge or ignorance. *Infant and Child Development,* **19**, 187-203.

山田剛史（2008）.　授業研究のためのデータ解析　河野義章（編著）授業研究法入門―わかる授業の科学的探究　図書文化　pp.214-225.

山田剛史・林　創（2011）.　大学生のためのリサーチリテラシー入門―研究のための8つの力　ミネルヴァ書房

山田剛史・村井潤一郎（2004）.　よくわかる心理統計　ミネルヴァ書房

　ただし,引用文献を著者名のアルファベット順に並べる（心理学ではそうです）他にも,本文での引用順に通し番号をつけてならべるといったこともあります。あなたの学んでいる専門分野ではどうなっているのかを,卒業論文や学術雑誌の執筆要綱でかならず確認して,それに合わせて引用文献リストを作成しましょう。

6.5　執筆の進め方

　ここまで,クリティカルシンキングを働かせ,約束事（書式）に注意しながら書く方法を紹介しました。次は,具体的にどのように執筆を進めていけばよいかを考えることにしましょう。その前に,

学術的文章を書く場合は，書き進めるたびに修正するので，手書きではなく，書き換えが容易な**パソコンのワープロソフトを使う**ようにしてください。⁽⁸⁾

学術的文章を書くステップ

学術的文章を書くステップは，大きく次の3つです。

①アウトライン（構成）をまとめる
②下書きをする
③論理的な文章となるように，下書きを推敲していく

①アウトライン（構成）をまとめる

まず，全体を俯瞰して，どのようにレポートや論文をまとめるかの構成を考えましょう。短い文章の場合は，書いておきたいキーワードや短い文を箇条書きでよいので並べていきます。

最初にすべきことは，問題と結論を考え，伝えたいメッセージを練ることです。たとえば，例4）の文章では，つぎのような骨格（A）を箇条書きすることからスタートします。

---

(8) パソコンで執筆していくにあたって，タッチタイピングもできるようになりましょう（社会に出てもっとも役立つスキルの1つです）。キーボードを見ないで文字を打てるようにならないと，せっかくパソコンを使っても作業効率が上がらないからです。無料のタイプ練習用ソフト（下記のWebページ参照）もあるので，利用すると楽しみながらタイピングの練習ができます。　http://www.higopage.com/ozawa-ken/

> **(A) 文章の骨格のメモ**
> ・子どもの心の発達にとって，うそは悪いことか？（問題）
> ・うそは必ずしも悪くないのでは（結論）

そこに，理由を考えながら内容を膨らませ，（B）のようなアウトラインを仕上げていきます。箇条書きやキーワードをいろいろ入れ替えて，論理の流れが一貫するようにしてください。

> **(B) 文章のアウトライン**
> ・子どもは，親や教師から「うそをつくな」と教えられる
> ・子どもの心の発達にとって，うそは悪いことか？（問題）
> ・嬉しくなくても笑顔をすることがあるが，これもうそでは？
> ・人間関係を保つうそもありそう
> ・うそは社会性の発達の現れ
> ・うそは必ずしも悪くない（結論）

もちろん，この過程で何度も（A）に戻ったりするので，問題提起，結論，理由が変化していくと思いますが，その点はあまり考えず，まずはアウトラインの大まかな作成をしてみましょう。

②下書き

（B）のようなアウトラインがまとまれば，6.3節で学んだように，クリティカルシンキングを働かせながら，下書きをしていきましょう。議論の骨格を明確にして，曖昧な言葉を減らし，指定された分量に合うように肉付けしていきます。この段階では，6.4節で学んだ細かな約束事をかならずしも守っておく必要はありません。意識を本文の論理展開に集中して書き進めてください。論理に矛盾を感じたら，躊躇なくアウトラインに戻って，箇条書きやキーワードを

加減したり入れ替えたりしてみましょう。アウトラインと下書きの間を何度も行ったり来たりするはずですが、その面倒を避けるべきではありません。高校までは手書きだったので、「よく考えてから書き始めろ」と指導されたと思いますが、パソコンを使って文章を書く際には、とにかく書き始めることが大事です。

③下書きの推敲

下書きでおおよその文章がまとまったら、6.4節で学んだ細かな約束事が守られているかチェックを繰り返して、見栄えのよいきちんとした文章に仕上げていきましょう。もちろん、推敲を進める間も、クリティカルシンキングを働かせて6.3節で学んだことが活用できているかどうかを考えて、加筆と修正を繰り返してください。

また、アウトラインや下書きの段階でも言えることですが、**何度もプリントアウトして、印刷した文章を読みながら推敲を繰り返してください**。人間の認知の特徴として、「プリントアウトすると、誤字脱字に気づきやすい」のです（これを知っておけば、メタ認知（的知識）になります。0章参照）。また、全体の論理構造もパソコンの狭い画面では見えてきません。プリントアウトすれば、長い文章であっても論理のズレや欠陥に気づきやすいです。

みなさんの様子を見ていると、このプリントアウトをして確認するという過程を省きたがります。プリントアウトを何度もするのは面倒でコストもかかるのは確かですが、この手間に労を惜しんではダメです。ここに労力を割けるかどうかのちょっとした違いが、最終的なレポートや論文の完成度の違いに大きな差を生みだすのです。

長い文章の場合の書き進め方

①見出しを使って構成を考える

　以上の書き進め方は，レポートや論文の区別なく当てはまることです。ただし，アウトラインの作成については，**論文など長めの文章の場合は，箇条書きやキーワードだけでなく「見出し」を作って配置していくとよいでしょう**（図6-3）。

　2章でも述べたように，論文では，あらかじめ構成が決まっていることが多いです。心理学など実証的な学問分野では，「問題」→「方法」→「結果」→「考察」といった順序で論文を書き進める約束があります。そのような場合は，それらを見出しにすれば効果的です。このような約束事がない学問分野でも，まとまりごとに見出しを作って，入れ替えながら構成を考えるのは有益です。

　そして，ここでも大事なことは，手書きで文章を書くときとちがって，**最初から順番に書いていく必要はない**ということです。とくに「方法」は，調査や実験の手順や材料を報告する部分ですから，極端にいえば，調査や実験を実施した段階で書き始められるはずです。効率のよい書き方は，「方法」と「結果」を先に書いて，主張したい点（結論）をはっきりさせます。その後，問題提起と結論の対応を取りながら，「問題」と「考察」を対応づけて書いていき，論文全体としての一貫性を整えるようにするのです。

②パラグラフを考慮した執筆

　長い文章を書き進める際は，「パラグラフ」を考えていくことも有益です。パラグラフと聞くと，ちょっと難しく感じるかもしれませんが，**意味の上での論理的な1つのまとまり**と考えればわかりや

> 1章　問題
> ・子どもは何歳ごろから他人の見方に注意を払うようになるか？
> ・先行研究の紹介：ピアジェの研究
> ・先行研究の問題点：課題の不十分さ
> ・……
> 2章　方法
> ・調査対象者：人数，性別，年齢
> ・手続き
> ・……
> 3章　結果
> ・……
> ・……
> 4章　考察
> ・……
> ・……

図6-3　見出しを使った構成

すいでしょう。1つのパラグラフは，もっとも伝えたいこと（主題）と，それを補足する部分で成り立ちます。

　例をいくつか見てみましょう[9]。下記の各例で，下線付きの文が主題文で，それ以外が補足文です。

　1）言葉を説明する
　　<u>我々は幼いころから共同注意によって，他者とのコミュニケーションができているのである。</u>共同注意とは，対象に対す

（9）　この部分は，専修大学出版企画委員会（2009）を参考にしました。

る注意を他者と共有する行動のことで，視線や指さしの理解が関係する。

　上の1）では，主題は「人間は幼いころから共同注意によって，コミュニケーションができる」ことですが，「共同注意」の意味がわかるように，続く補足文でその説明をしています。

　2）例を示す
　　<u>言葉は時代を経て，変化するものである。</u>たとえば，「新しい（あたらしい）」という言葉は，もともと「あらたしい」が正しい発音であったが，誤用が定着したのである。それが証拠に，「新」という漢字の訓読みは「あらた」であって，「あたら」とは読まない。

　上の2）では，主題は「言葉は変化するもの」ですが，続く2つの補足文で，「あらたしい」という言葉の例をあげて説明しています。

　3）限定する
　　<u>人間は，言語を無意識のうちに習得し，母国語が話せるようになると言われている。</u>ただし，幼いころに言語を聞ける環境にないと，言語を獲得できなくなってしまう。

　上の3）では，主題は「人間は無意識に母国語を習得する」ですが，それが絶対というわけでなく，続く補足文で限定しており，特殊な環境（言語が聞けない環境）で育つと言語を獲得できなくなると説明しています。

4）比較する

　文化の違いは，人間の思考のしかたに大きな影響を与えている。西洋人は個人主義で，個々の人間を尊重するのと同じように，物事を捉えるときに個々の対象に注目する。これに対して，東洋人は集団主義で，全体の調和を尊重するのと同じように，物事を捉えるときには背景や文脈などに注目して，その中で個々の対象を捉えるのである（ニスベット，2004）。

上の4）では，主題は「文化の違いが人間の思考を左右する」ことですが，それが具体的にわかるように，続く2つの補足文で，西洋人と東洋人で対比しながら，思考の違いを説明しています。

パラグラフは他にも，因果関係の説明などいろいろな形が考えられますが，1つのパラグラフには1つの主題だけを入れるようにするとよいでしょう。さらに，（短い場合は別として）パラグラフごとに段落分けをすると，意味的なまとまりがわかり，長い文章になっても論理展開をつかみやすいレポートや論文になると考えられます。

6.6　文章技術の向上

　前節では，具体的な書き進め方を学びましたが，文章を洗練させるコツや技術も必要です。本節ではこの点を考えてみましょう。

辞書を引く手間を惜しまない

　執筆を進める過程で，正確な意味がわからなかったり，少しでも曖昧に感じた言葉が現れたら，そのたびに辞書を確認するようにし

ましょう。インターネットが利用できる環境があるならば、辞書サイトを表示しておき、すぐに調べるようにしておくことが重要です（3章参照）。経験上、みなさんは、この過程をスキップしてしまいます。逆に言うと、このような**地道な作業を繰り返すことで、日本語能力が高まり、文章の正確さも増し、よいレポートや論文に仕上がっていくのです。**

検索エンジンを表現辞典として使う

　次に、文章技術の向上を考えましょう。3章で述べたように、インターネットの検索サイトは「情報検索」が一般的な使い方です。しかし、じつは**インターネットの検索サイトは「執筆」の際の「表現辞典」として使うことができます**。検索サイトでは、検索した語句が含まれたページ数を「ヒット件数」として表示しますが、この「ヒット件数」を使用頻度とみなすと、その語句がどれだけ日本語として自然なのかを相対的に判断できるのです。もし、ヒット件数が0であれば、その語句や表記はまったく使われていないことがわかります。

　たとえば、「ご勘定」と「お勘定」のどちらが自然な日本語であるかを知りたくなったとしましょう。Googleのフレーズ検索（3章参照）を使って、それぞれを検索すると、「ご勘定」のヒット件数が2,320件に対して、「お勘定」は36万2,000件となり、圧倒的に「お勘定」が使われています。ということは、「お勘定」の方が日本語として自然であることがわかるのです（図6-4）。

　このように、検索サイトのヒット件数を参考にすることで、曖昧な表現や多種にわたる表記（たとえば、漢字の組み合わせ）について

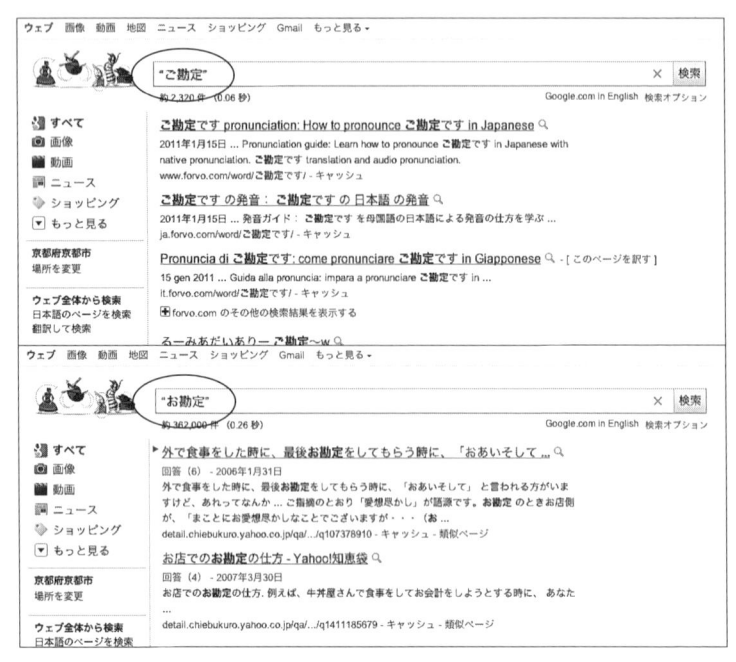

図6-4 検索サイトを表現辞典として使う

の自然さを確認することができ、言語感覚を鍛えていくことができるのです。ただし、ヒット件数に全幅の信頼を置くのは禁物です。インターネットの情報は玉石混淆で、入力ミスも目立ちますので、100％の正解ではないということも念頭に置いておきましょう。

---

(10) これは日本語に限りません。英語に熟達していない人でも、ネィティブらしい文章を書けるようになります。検索サイトを表現辞典として使うことで、前置詞の使い分けなど、ネィティブ以外には識別困難なことでもヒット件数から、自然な表現を確認できるからです。詳しくは、巻末「おわりに」の読書ガイドを見てください。

熟成期間を設ける

書いてから少し時間を置くということも大切です。熟成期間を置くことで，自分の書いた文章に対して客観的な見方ができるようになり，論理構造のあいまいさに気づくことができるのです。この意味で，レポートや論文は締め切り間際にあわてて仕上げるのはいただけません。ワインを熟成させると美味しさが増すと言われますが，文章も熟成期間を設けることで，仕上がりがよくなるのです。

6.7 レポートや論文がうまく書けるようになるために

この章では，「結論」の場所として最初か最後に置くようにするとよいことや，引用文献の記し方など，構成や表記のルールに従うべきであることを強調しましたが，このようなルールや約束事に忠実であればあるほど，読み手の負担が減り，誤って読み取られる危険性も減るのです。逆に言えば，もし読み手に誤解されたとすれば，それは書き手の問題である可能性が高いのです。ここで学んだルールを踏まえ，読み手が見逃しやすい（書き手が忘れやすい）ことを頭に入れておく（＝メタ認知的知識：0章を参照）と，誤解を防ぐよい文章が書けるようになります。

レポートや論文を書く際に，わざと難しいことを書いたり，複雑な文章表現をしたりする人がいますが，学術的文章は小説や感想文とは違うので，このような凝った言い回しは不要です。多義的な意味を読み手の判断に任すような態度は，誤解を招くもとになるので避けましょう。学術的文章は「他者に正確に伝わること」がもっとも重要なことだと思い出せば，読み手を意識し，読み手の立場に立

って考えることが何よりも重要であるとわかりますよね。**他者がどのように感じるかを考えながら書き進めてみましょう。**文章を書く際には、心の理論を働かせて、読み手の立場を考えて、書き進めることがなによりも大事なのです（0章参照）。

文章を書くときは、読み手を意識しよう

卒業して社会に出ても、上司に報告する報告書を作成するなど、論理的な文章を書く機会は頻繁に存在します。そのような機会にうまくこなせるかどうかは、学生時代にしっかりとレポートや論文を書く努力をどれだけしてきたかが鍵となります。大学で提出したレポートが、不十分な評価で返ってきたときは、むしろ好都合です。どこが悪かったのか、どうすればよいかを考えるきっかけになるからです。上でも述べたように、この過程で必要になるのがメタ認知です。学生時代にメタ認知能力を鍛え、それを繰り返すことで、社会に出たときに役立つ「書く力」が身につくのです。

コラム　推理小説との類似性：「伏線」を張った書き方をしよう

　「推理小説」は、「犯罪に関係する秘密が、論理的に解明されていく過程の興味に主眼をおいた小説」（『大辞泉』）です。冒頭で「謎」が提示され、探偵や刑事など主人公が証拠を見つけ、その証拠を元に「論理的推理」によって謎を解く（犯人とトリックを明かす）過程は、学術的文章における問題提起から結論に至る過程（学術論文の骨格 a）〜c））と類似しています。

　もし、このような推理小説の解決場面で、それまで一度も登場していなかった人物をいきなり出現させて、主人公が「この人が犯人だ！」と言ったら、あなたはどう感じるでしょうか。あるいは、密室殺人のトリックとして、それまで一度も言及されていなかった秘密の通路があって、それを使って犯人は脱出したと書かれていれば、どう感じるでしょうか。読み手は「ふざけるな！」と怒り出すに違いありません。つまり、推理小説では、読み手に推理の判断材料として、犯人やトリックの手がかりとなる材料を解決場面の前に記しておく必要があり（これを「伏線」と言います）、これが守られていないと、アンフェアになり、推理小説として成立しなくなるのです。

　学術的文章も同様です。読み手にとって不明な、あるいは曖昧さを感じる概念や用語を、何の定義や説明もなく使うことは許されません。ところが、学生のレポートを読んでいると、結論（解決場面）やそこに至る途中で、それまで使っていない概念（したがって、その概念が何を意味するか不明）や定義していない言葉がいきなり出てくることが多いのです。これは読み手に対して、アンフェアであり失礼（＝読み手に「自分で調べろ」と言っているのと同じ）です。

　もちろん推理小説は、犯人やトリックがわからないように伏線を張ります。逆に、学術的文章では、誤解のないようにわかりやすく伏線を張る必要があります。このような違いはありますが、推理小説の例を考えれば、学術的文章を書く上でも伏線を張る（読み手に必要な情報を丁寧に示して論を進める）ことが、大切だとわかりますね。

救済のレポートを提出したよしこ。しかし、山林先生からレポートの再提出を言い渡されてしまいました。さて、よしこは…？

よしこ：「山林先生、レポートを再提出にきました」

山林先生：「うん！　よく来たね。それで、よしこさんは最初のレポートの何が悪かったか、わかったかい？」

よしこ：「わかりました。私が最初に出したレポートは、学術的な文章になっていなかったんですよね」

山林先生：「というと？」

よしこ：「私の最初のレポートは、高校までの読書感想文みたいなものでした。自分の考えを思ったままに書いただけで…。でも、大学のレポートで要求されるのはそうではありませんでした」

山林先生：「ふむふむ。なるほど」

よしこ：「そのことに気づけたので、今度は大丈夫だと思います！　今度のレポートは自分なりの『問い』と、それに対する『結論』、結論を支える『理由』も十分とはいえないかもしれませんが、盛り込んで書いてみました」

山林先生：「合格だね！」

よしこ：「え？　でも、先生、まだ私のレポート見ていないじゃないですか？」

山林先生：「今の言葉を聞けば十分だよ。それにね」

よしこ：「それに…？」

山林先生：「よしこさんはそこまでわかっているなら、もっと簡単な課題である①や②を選び直すこともできたはずだよね。でも、それをしなかった。あえて、一番困難な課題に再チャレンジしてくれた。その気持ちが嬉しいですよ」

> よしこ:「せ,せんせい!!(じーん)」

…というわけで,感極まったよしこですが,山林先生が用意した関門を無事通過することができたようです。

本章のまとめ

学術的文章を書くときも,クリティカルシンキングを働かせる

クリティカルチェック
　①文章を正しく読み取ってもらえるようにする
　　(問題,結論,理由をわかりやすく記す)
　②言葉の曖昧さをなくす(適宜,定義をしておく)
　③議論を評価する(事実と意見を区別する。言葉のすりかえや,図表にウソはないかなどを指摘されないよう注意する)

書式のルールを守る

引用のルールを守り,「盗作」や「剽窃」を避ける

執筆の進め方
　①アウトラインをまとめる
　②下書きをする
　③論理的な文章になるように,下書きを推敲していく

文章技術を向上させる
　①辞書を引く手間を惜しまない
　②検索エンジンを表現辞典として使う
　③熟成期間を設ける

引用文献

藤田哲也（編著）(2006). 大学基礎講座 改増版 北大路書房

広田照幸・伊藤茂樹 (2010). 教育問題はなぜまちがって語られるのか？―「わかったつもり」からの脱却 日本図書センター

泉　忠司 (2009). 90分でコツがわかる！ 論文＆レポートの書き方 青春出版社

道田泰司・宮元博章・秋月りす (1999). クリティカル進化（シンカー）論―『OL 進化論』で学ぶ思考の技法 北大路書房

ニスベット，R.E. 村本由紀子（訳）(2004). 木を見る西洋人　森を見る東洋人―思考の違いはいかにして生まれるか ダイヤモンド社

酒井聡樹 (2007). これからレポート・卒論を書く若者のために 共立出版

専修大学出版企画委員会 (2009). 改訂版 知のツールボックス 専修大学出版局

7章　データ分析力

　12月上旬，よしことまゆみの卒論も佳境に入ってきたようです。

よしこ：「卒論の分析進んでいる？」

まゆみ：「うん。最近の小学生はキレやすいのかを調べるために，小学生の攻撃性を質問紙で調査したの。そしたら攻撃性得点について男女で差が出たんだよ。ほら，これ見て（といって図7-1を見せる）」

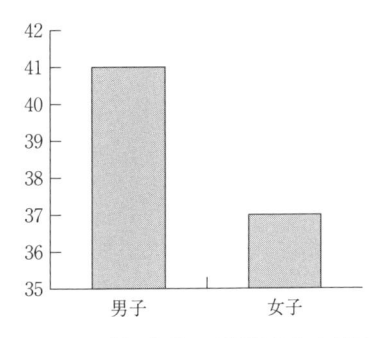

図7-1　小学6年生の攻撃性得点のグラフ

よしこ：「へぇー，本当だ。グラフを見るとずいぶん差があるんだね」

まゆみ：「うん，検定(7.5節で詳しく説明します)の結果も，有意差が出たんだよ。これで卒論はバッチリかな。ふふん♪」

かなり調子のよさそうなまゆみですが，このグラフ，そして，まゆみのデータ分析にはいくつかの問題があります。その問題とは以下のようなものです。

①グラフの縦軸の範囲
②「有意差がある」という検定結果に対する過度の注視
③得点の実質的な意味についての考察

①は「グラフの見せ方」に関する問題です。これについては，7.2節で詳しく説明します。②と③はいずれも「統計的仮説検定の考え方」と関連する内容です[1]。これらについては，7.5節で取り上げます。

データ分析，とくに，統計的方法は，卒論などの研究を遂行する上で重要な役割を果たすことが多いです。しかし，統計的方法は万能薬ではないし，それどころか，正しく使わないと（使い方を誤ると）かえって毒になることもありえるのです。この章では「データ分析力」と題して，リサーチリテラシーとは何か，統計を使った嘘について，マスコミなどで実施されることの多い標本調査について，クリティカルシンキング，そして，統計的仮説検定の考え方と注意すべきことなどを取り上げていきます。

---

(1) まゆみは「検定」と呼んでいますが，統計的仮説検定と同じことを意味しています。

7.1 リサーチリテラシーとしての統計

　飯田（2007）は「高度に情報化された社会においては，データを処理する技術を身につけることが社会人にとって必須の条件となります。情報処理の基礎技術，最近流行の言葉で言い換えると情報リテラシーとしてもっとも伝統的なものが統計です」と述べています。本書のタイトルには「リサーチリテラシー」という言葉がついています。この言葉をはじめに使ったのは，谷岡一郎氏です。谷岡（2000）は「これほど社会調査が増え，それも玉石混淆ということになってくると，それらのリサーチが本物であるかどうかを見極める能力が必要になってくる」と述べ，リサーチリテラシーの重要性とその教育の必要性を説いています。さらに，リサーチリテラシー教育のためには，多くの概念に統計学という前提が存在すること，ともすれば統計学は退屈で難解なものという印象があるが，教え方次第では楽しい学問になりうると述べています。

　このように，谷岡は，「社会調査（リサーチ）のよしあしを正しく見抜く力」という意味でリサーチリテラシーという言葉を使っています。本書では，それをもう少し広げて，**「研究（リサーチ）を遂行するために必要な基礎的能力」** と見なすことにします。他の人が実施したリサーチの真贋を見極めるということだけでなく，自分自身で質の高いリサーチを実行するために必要となる基礎の力ということになります。このリサーチを実行できる能力を構成する要素として，本書では，聞く力，課題発見力，情報収集力，情報整理力，読む力，書く力，データ分析力，プレゼンテーション力という8つ

の力を考えているわけです。本章では、データ分析力として、谷岡のリサーチリテラシーに近い内容を紹介していくことにしましょう。

飯田 (2007) は、統計の有用性は統計学特有の思考法にあるとし、「論理的に妥当な思考法とは何か」という問に統計学が1つの解答を示してくれていること、「適切な統計知識に基づいてデータを観察することで、思い込みから『一歩引いた』論理的思考ができるようになる」ことを述べています。逆に言うと**「適切な統計知識」がなければ、「リサーチリテラシー」が身についていなければ、簡単に統計にだまされてしまう危険性が高くなる**ということになります。

そこで、飯田 (2007) は「統計を使った嘘」の3つのパターンを紹介しています。

①見せ方による嘘
②データ選択の嘘
③データ収集の嘘

次節では、これら3つのパターンについて、具体例をもとに簡単に紹介していきましょう。

7.2 統計を使った嘘

見せ方による嘘

よくあるのが、グラフの描き方によって、目盛りの取り方によって嘘をつくものです。図7-2は、広田 (2005) で紹介された、日米の犯罪率を比較したグラフです。左が日本の犯罪率で、右がアメリカの犯罪率を表しています（どちらも、横軸は1950年から2000年ま

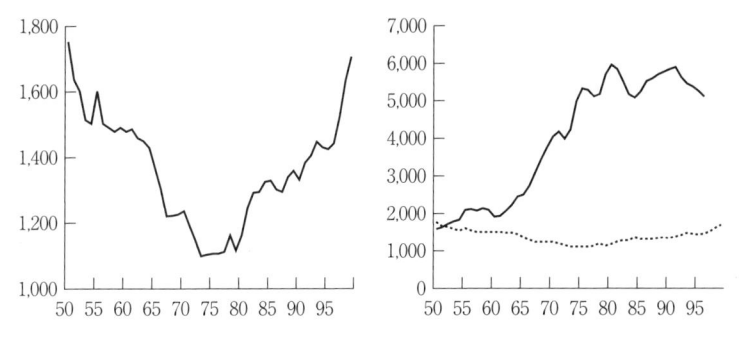

図7-2　日米の犯罪率を比較したグラフ（広田，2005より転載）

でをとっています）。

　このグラフをぱっと見ると，「アメリカ（右）は，1960年代に数値が上昇し，1980年代以降は横ばいで推移している。それに対して，日本（左）は，1980年代まで下がってきて，その後急激に値が上昇し続けているのだな」（広田，2005）と思ってしまうでしょう。しかし，このグラフには嘘があります。1つ目の嘘は図7-2の左の図において「日本のV字型の左側は粗暴犯や凶悪犯が多かったのに対し，反対に右側は窃盗が圧倒的に多い」（広田，2005）という数字の性質の違いです。そして，もう1つは目盛りの違いです。**縦軸の目盛りが左と右のグラフで異なっている**のです。右の図で点線で描かれているのは，左のグラフを右の目盛りに合わせて書き直したものです。点線を見ると，つまり，同じ目盛りで比較すると，日本は1950年代以降，1,000と2,000の間を安定して推移していることがわかります。これが見せ方による嘘の例です。

　本章冒頭のまゆみが作ったグラフにも「見せ方」の問題があったのです。

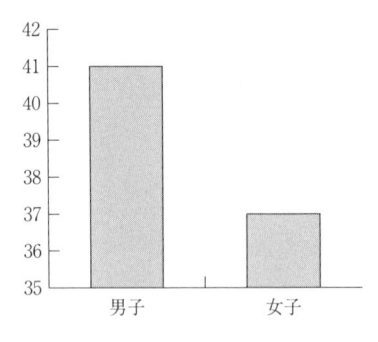

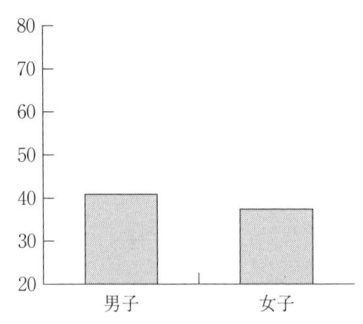

図7-1　小学6年生の攻撃性得点の
　　　 グラフ（再掲）

図7-3　小学6年生の攻撃性得点のグ
　　　 ラフ（縦軸の目盛りを変更）

　図7-1の縦軸を見ると，35から42までの範囲になっていますね。しかし，この攻撃性得点のとりうる値の範囲が20点から80点だったとしたらどうでしょうか。縦軸の範囲を絞り込まずに，下限から上限まで表示させてみると図7-3のようになります。

　図7-1に比べて男女の差がずいぶん小さく感じられますよね。もしかすると，図7-1は男女差を実際以上に強調するグラフとなってしまっていたのかもしれません。そのことを確かめるためには，このデータにおける男女の平均値差である4点という値がどのような意味を持つのか，検討が必要となります（これは7.5節で述べます）。

　ここまでで述べてきたような，グラフの見せ方による嘘については，いろいろな本が出ています。古くは，ハフ（1968），最近では，ストレンジ（2008）などが参考になります。

7章 データ分析力

データ選択の嘘

データ選択の嘘

　もともとの条件が異なるものを比較しようとすると，おかしな結果が導かれる場合があります。これを利用して，嘘をつくことが可能です。

　たとえば，年間の自動車事故による死亡者数と，飛行機事故による死亡者数を比較したところ，自動車事故による死亡者数の方が多かったとします。この結果から，飛行機の方が自動車よりも安全な乗り物だと判断してよいでしょうか。それはまずいですよね。なぜなら，自動車は毎日乗る人も多いでしょうし，利用される機会＝事故に遭う可能性のある機会が，そもそも，飛行機のそれよりもはるかに多いからです。そうした**前提条件が異なるものを単純に比較してはいけない**のです。

　ハフ（1968）でも同様の例がいろいろと紹介されています。たとえば，「快晴の日の方が，霧の深い日よりも事故が多い。だから，霧の深い日のドライブの方が安全である」といってよいでしょうか。

181

これもダメですね。当然ですが、快晴の日の方が霧の深い日よりもはるかに多いので、その分、事故が多くなるわけですから。

また、「昨年、飛行機事故で死んだ人は、1910年における飛行機事故死亡者よりも多かった。このことから、現代の飛行機は以前のより危険であるといえるだろうか？」についてはどうでしょう。これももちろん、そんなことはいえないですよね。1910年と今とでは、飛んでいる飛行機の数が全然違うのですから。

さらに、こんな例も考えられます[(2)]。都会にあるA市と田舎にあるB市で、中学生の子どもがいる家庭のうち、何％が子どもを塾へ通わせているかを調べました。するとA市では68％が、B市では44％が子どもを塾に通わせているという結果になりました。この結果を見て、「都会の方が教育熱心な親が多く、子どもを塾へ通わせる家庭が多いのだ」と考えたとしたらどうでしょうか。それは正しいといえるでしょうか。

A市とB市ではそもそも塾の数が違うかもしれません。都会のA市には塾がたくさんあって、田舎のB市には塾そのものの数が少ないということも考えられます。また、年収が多い人の方が子どもを塾に通わせる割合が高いということがあるかもしれません。同じ年収で比較したら塾へ通わせる割合は変わらないのに、都会であるA市の方が高年収の人が多いために、A市とB市で塾へ通わせる割合に差が生じているという可能性もあります（このことについては、後ほど、また触れます）。

（2）　この例は、苅谷（1996）を参考にしました。

データ収集の嘘

どのようにデータを集めるかによって，まったく違った結果が得られることがあります。高校生の化粧使用頻度についてアンケート調査を行う場合に，渋谷駅周辺の高校生にアンケートを実施した場合と，地方の農村部でアンケートを実施した場合とでは，まったく違った結果になるでしょう。(3) たとえば，前者だけのデータでは「日本の女子高校生は化粧ばかりしている」という結論が得られるかもしれないし，後者だけのデータでは「日本の女子高校生は今なお質素で清楚である」という結論が得られるかもしれません。いずれの場合も，全国の高校生を代表する集団とは見なせないですよね。

あるいは，「大学生の授業関心度」を調べるための質問紙調査を，大学の1限の授業で実施したとします。その調査結果を一般的な大学生の授業関心度と見なすのは問題がありそうです。というのは，1限の授業にきちんと出席してくる学生は，もともと授業への関心が高い可能性があるからです。1限の授業の受講生だけを調べたとしたら，本来の調査対象全体をうまく反映していないことになりかねません。

ここで取り上げた2つの例は，いずれも関心のある調査対象全体の一部からデータを収集して，そのデータを分析することで，調査対象全体についての様相を明らかにしようとするものです。こうした調査方法は，**標本調査（サンプル調査）**といわれるものです。**関心のある調査対象全体を母集団**といいます。そして，**母集団の一部であり，実際に調査を行った集団を標本（あるいはサンプル）**とい

（3） もしかしたら，これこそ「思い込み」かもしれませんが。

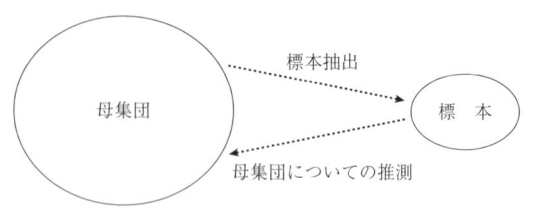

```
      標本抽出
母集団 ·······→ 標 本
      ←·······
     母集団についての推測
```

図7-4　標本調査のイメージ

います。図7-4は母集団と標本の関係をイメージしたものです。

　ここでの2例は、どちらも、偏った標本（サンプル）を分析しても、その結果は、母集団の様子を正確に表すものにはならないということを伝えてくれるものです。

7.3　標本調査における結果のバラツキ：標本誤差

　前節と同様の例として、内閣支持率調査を取り上げてみましょう。2010年5月28日から30日の間、マスコミ各社で行われた世論調査の結果を比較してみることにします。

　「朝日新聞社が29,30の両日実施した米軍普天間飛行場移設問題の緊急世論調査（電話）で、鳩山内閣の支持率は17％と前回調査（15,16日）の21％からさらに下落し、はじめて10％台に落ち込んだ」

　「産経新聞社とＦＮＮが5月29,30両日に実施した合同世論調査で、鳩山内閣の支持率は前回調査（4月24,25両日）より3.1ポイント下げ、19.1％と政権発足から8カ月余りで20％を割り込んだ」

　「読売新聞社は、沖縄県の米軍普天間飛行場移設問題での日米合意と政府対処方針決定を受けて、29～30日に緊急全国世論調査（電話方式）を実施した。鳩山内閣の支持率は19％で、前回（5月7～

表7-1　マスコミ各社による内閣支持率調査

情報源	朝日新聞	産経新聞	読売新聞	日本経済新聞	毎日新聞
支持率	17.0%	19.1%	19.0%	22.0%	20.0%

9日実施)の24％から続落し,不支持率は75％(前回67％)に達した」

「日本経済新聞社とテレビ東京が28〜30日に共同で実施した世論調査で,鳩山内閣の支持率は22％となり,4月の前回調査から2ポイント下落した。不支持率は1ポイント上昇の69％だった」

「内閣支持20％　民主「鳩山降ろし」噴出　毎日新聞が29,30日に緊急実施した全国世論調査で民主党はついに政党支持率で自民党に並ばれ,……」

5つの新聞社の結果を整理すると,表7-1のようになります。内閣支持率調査の結果は17％から22％までばらついています。

テレビの視聴率調査もそうですが,標本調査では標本(サンプル)による結果のバラツキがかならず生じます。サイコロを転がしたときに,1の目が出る確率は1/6と考えられます。しかし,実際に600回サイコロを転がしてみても,ちょうど100回1の目が出るということは考えにくいですよね。100回に近いけど,ぴったり100回にはならないで,95回とか103回とかになるはずです。600回のサイコロ振りを1つの標本(サンプル)と見なすと,1の目が出る回数がぴったり100回にならずに95回になったり(100-95=5回少ない),103回になったりする(103-100=3回多い)のは誤差と見なせます。このような標本(サンプル)の違いによって生じる誤差のことを**標本誤差といいます。標本調査の結果は標本の選ばれ方によって変動するものであり,標本誤差を伴うものであることを理解して**

おく必要があります。そうしないと，視聴率調査の1％の違いに大きな意味を見いだすような，誤った解釈をしてしまうことになります（標本調査については，たとえば，田村（2006）などが参考になります）。

7.4 クリティカルシンキングの必要性

ステレオタイプ的思考の危険性

　TIMSSという国際学力比較調査があります。下記の文章は，国立教育政策研究所のホームページ（URL:http://www.nier.go.jp/timss/2007/index.html）（2011年6月15日閲覧）から引用したものです。

　「IEA（国際教育到達度評価学会）が進めている TIMSS（Trends in International Mathematics and Science Study）と呼ばれる算数・数学及び理科の到達度に関する国際的な調査に，我が国も参加しており，当研究所が調査の実施を担当しています。TIMSS調査では，調査を4年ごとに行うこととし，1995年，1999年，2003年，そして今回の2007年と過去4回にわたり調査を実施してきました。」

　皆さんはTIMSS2007の結果でアメリカは何位だと思いますか？　日本よりも上でしょうか？　下でしょうか？

　「アメリカというとNASAがあったり，著名な科学者もたくさんいたりするから，数学や理科の成績はよいのでは」と思う人も多いのではないでしょうか。

　表7-2はTIMSS2007の結果（中学2年生の数学・理科）です。これを見ると，アメリカは数学で9位，理科はトップテンに入っておらず11位となっています。実際の結果は日本よりもずいぶん低いことがわかります。アメリカの学術レベルが高いのは，アメリカの子

7章 データ分析力

表7-2 TIMSS2007の結果（中学2年生）

順位	数　学	理　科
1	台湾	シンガポール
2	韓国	台湾
3	シンガポール	日本
4	香港	韓国
5	日本	イングランド
6	ハンガリー	ハンガリー
7	イングランド	チェコ
8	ロシア	スロベニア
9	アメリカ	香港
10	リトアニア	ロシア

どもの学力が高いからではなく，アメリカに世界の優秀な人材が集まるからなのかもしれませんね。しかし，私たちは普段の生活の中で，じっくりと考えてみることをせずに，「何となく」といった印象で判断してしまうことがよくあります。先ほどの例のような判断は「アメリカ人＝優秀」というイメージを持っているから起こることかもしれません。このようなイメージを**ステレオタイプ**といいます。「関西人はいつも冗談をいっている，人を笑わせるのがうまい」とか「メガネをかけている人は真面目な人が多い」とか「A型の人は神経質だ」といった，「○○は××である」という紋切り型の判断は全てステレオタイプの例です。

ステレオタイプは，ある人の特徴を大雑把に捉えることができる

（4） もっとも，このイメージには世代差があるかもしれません。年配の人ほどアメリカ信仰があって，若い人はそうでもないかも。

という点では便利なものです。たとえば，はじめて人に会うときに，その人が関西出身ということを知っていたら，どういう人なのかを何となくイメージして会うことができるでしょう。また，初対面の人との会話で，お互いの血液型を話して「あなたもAB型なんだ，私もだよ。よく変わり者って言われるよね」といったように，会話のきっかけになるかもしれません。

　しかし，**ステレオタイプにとらわれてしまうと，それは偏った見方**になってしまうでしょう。あなたが関西人だったとして，「お笑いが好きなんでしょう？　面白いこと言ってみてよ」と初対面の人から言われたら，あまりよい気はしないのではないでしょうか。あるいは，あなたの血液型がB型ということで，「協調性がない，自己中なんでしょう」と決めつけられたら，腹が立ちますよね。

　ステレオタイプにとらわれた考え（これをステレオタイプ的思考と呼ぶことにしましょう）は，ものの見方を狭めてしまうものです。「A型の人は神経質だ」と言われて納得するのは，その人の神経質なところしか見えていないためでしょうし，「B型は自己中心的だ」と言われて納得するのは，その人の自己中心的なところしか見えていないためでしょう。じつは，A型の人にも自己中心的なところがあり，B型の人にも神経質なところがあるのに，ステレオタイプ的思考によって，ものの見方が狭められ限定されてしまうわけです。こうした決めつけた考え方をしないように心がけたいものです。(5)

（5）　血液型と性格の関連については，岡山大学文学部の長谷川芳典先生のホームページ（http://www.geocities.jp/hasep2004/bloodtype/index.html）（2011年6月15日閲覧）が参考になります。

では、ステレオタイプ的思考をしないようにするにはどうしたらよいでしょうか？ そのためには、**クリティカルシンキングを行うことが効果的**です（0章参照）。クリティカルシンキングはクリシンと略されることも多いです。

クリティカルシンキングの方法

クリティカルシンキングといってもさまざまな方法があるのですが（詳細は、ゼックミスタ・ジョンソン（1996, 1997）などを参照してください）、ここでは、以下の3つにポイントを絞って、クリティカルシンキングの具体的なやり方を紹介します。

①「きっと〜にちがいない」と決めつけない
②擬似相関を見抜く
③相関関係と因果関係を混同しない

それでは、それぞれについて具体的に見ていきましょう。

①「きっと〜にちがいない」と決めつけない

先ほど、クリティカルシンキングを行うことで、ステレオタイプ的思考に陥らないようになるということを述べました。

たとえば、みなさんは「大学院生」と聞いてどのようなイメージを思い浮かべますか？

「真面目」「勉強が好き」「変わっている」「オシャレに気を遣わない」「オタクっぽい」「頭がいい」など、いろいろな意見が出てきそうですね（しかも、どれもあまりよいイメージではなさそうな気もします…）。でも、自分が大学院生の立場だったら、「大学院生といっても、人それぞれだから、一概にこういうイメージというのは言いに

ステレオタイプ的思考にとらわれると……。

くいな」と考えるのではないでしょうか。

　自分が当事者であれば（その集団のメンバーであれば），このような考え方をごく自然と出来るはずですよね。でも，自分が当事者でないと（その集団に所属していないと），ステレオタイプにとらわれた考え方をしてしまうということはよくありそうですね。クリシンをするということは，**自分が当事者だったら…と考えてみること**と考えるとよいでしょう。そうすれば，一方的な決めつけをしないようになるでしょう。

　また，別の例を考えてみましょう。ある日，同級生のわたる君が，大学の授業中寝ていたのを見て，「あいつは不真面目な学生だ」と決めつけてしまったということはないでしょうか。ここでも，クリシンをしてみましょう。もしかしたら，わたる君は，その日たまたま体調が悪かったのかもしれません。あるいは，サッカー部に所属しているわたる君は，前の晩，大好きな日本代表の試合を夜遅くまで見てしまったため，いつもは真面目に授業を受けているのに，その日はたまたま寝てしまったのかもしれません。

　このように，よく考えてみると**別の理由**が考えられるのにもかかわらず，1回たまたまあった事柄をいつもそうだと決めつけてしま

7章　データ分析力

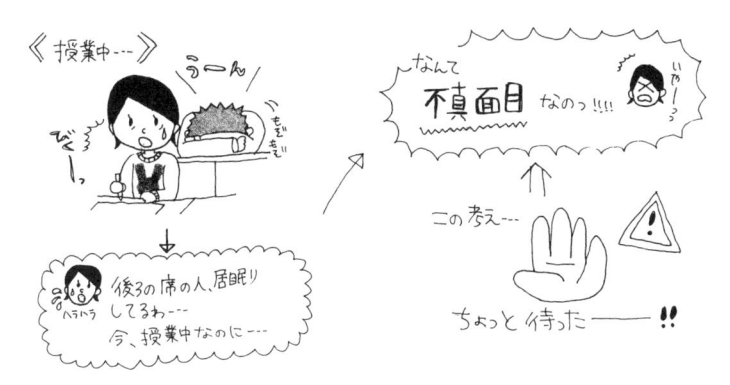

クリシンを働かせてみよう

うことがよくあります。これを「**少数事例の過度の一般化**」といいます。こんな例も考えられるでしょう。ある日，あなたが同級生のしんじ君を見かけました。あなたが挨拶したのに，しんじ君は無視して過ぎ去っていきました。そのとき，「なんだあいつ。無視しやがって。感じ悪いな」とか「あれ？　挨拶したのに，何で返事してくれないんだろう。僕は嫌われているのかな」とか思ったりしませんか。ここでもクリシンをしてみましょう。しんじ君は目が悪いのに，その日はたまたまコンタクトレンズ（あるいはメガネ）を忘れていたのかもしれません。あるいは，考え事をしていてあなたが挨拶をしたことにたまたま気づかなかったのかもしれません。このように考えていけば，しんじ君が故意に無視したのでもなければ，あなたのことを嫌っているわけでもないと思えますよね。

　クリシンの1つ目のポイントは「きっと〜にちがいない」という決めつけをしないことです。「もしかしたら○○なのかもしれない。××ということも考えられる」といろいろな見方ができないか，考えてみるようにしましょう。

②擬似相関を見抜く

「ある調査によると、サラリーマンの血圧と年収の間に正の相関があることがわかった」(6)という結果を聞いて、あなたはどのように考えますか。「正の相関がある」というのは、「**一方の変数の値が大きいほど、他方の変数の値も大きい傾向があること**」を意味します（負の相関はこの逆で、一方の変数の値が大きいほど、他方の変数の値が小さい傾向があることを意味します）。つまり、血圧の高いサラリーマンほど、高い年収を得ている傾向があるということです。「血圧が上がるくらいストレスを溜めているサラリーマンの方が高給取りなんだ」と考えるでしょうか。何となく変な感じです。これはこのように考えることが出来ます。サラリーマンといっても、若い人もいれば年配の人もいます。若い人よりも年配の人ほど、血圧は高くなるでしょう。同様に、年配の人の方が年収も高くなるでしょう。つまり、**血圧と年収という変数の両者と相関のある「年齢」という第3の変数が隠れている**のです。血圧と年齢の間には正の相関があり、年収と年齢の間にも正の相関があります。両者と相関のある「年齢」という第3の変数のために、見かけ上、血圧と年収の間に相関が現れているのです（図7-5）。

このような**見かけ上の相関のことを擬似相関**といいます。2つの変数の間に相関がある場合に、それが擬似相関でないかを検討することは重要なことです。第3の変数を見抜けるようになりましょう。

---

(6) 相関とは2つの変数の間の関係を意味しています。たとえば、数学のテスト得点が高い生徒ほど、理科のテスト得点も高い傾向があった場合に、数学のテスト得点と理科のテスト得点には正の相関があるといいます。

7章 データ分析力

図7-5 擬似相関の例

それはクリシンの力をつけることにつながります。

7.2節に紹介した，A市とB市の子どもを塾へ通わせる割合（これ以降，通塾率と呼ぶことにします）の例を再び取り上げます。実数を調べたところ，表7-3のようになっていたとしましょう。

都会のA市が68％，田舎のB市が44％となっていて，A市の方が通塾率は高くなっています。ここで，年収という条件により表7.4を書き換えてみましょう。表7-4は，A市，B市それぞれについて，年収が600万円以上・未満で通塾率を計算してみたものです。

表の値を見ると，A市でもB市でも，年収600万円以上の家庭では80％が子どもを塾に通わせていることがわかります。同様に，年

表7-3　A市とB市の通塾率の違い（単位：人）

	A市	B市
塾に行っている	8,500	5,500
塾に行っていない	4,000	7,000
通塾率	68％	44％

表7-4 年収別の通塾率の違い　　　　　（単位：人）

A市	600万以上	600万未満	合計
塾に行っている	8,000	500	8,500
塾に行っていない	2,000	2,000	4,000
通塾率	80%	20%	68%

B市	600万以上	600万未満	合計
塾に行っている	4,000	1,500	5,500
塾に行っていない	1,000	6,000	7,000
通塾率	80%	20%	44%

収600万円未満の家庭では，どちらの市でも通塾率は20％で等しくなります。年収という条件を揃えると，A市とB市で通塾率に差が無くなりました。「A市は都会だから教育熱心な親が多く，そのために通塾率が高くなる」という判断は誤りであり，この場合は，年収という第3の変数による擬似相関であったと考えた方がよさそうですね。

③相関関係と因果関係を混同しない

学力学習状況調査の結果，「1週間に朝食を食べる日数が多い子ほど，テストの点数がよい傾向がある」ということが明らかになったとします。この結果を見て，ある先生が「朝ご飯を食べるほど，頭がよくなるんだな。それじゃあ，毎朝きちんと食事を食べてもらうように，今度の保護者懇談会で話をしよう」と考えたとしたらどうでしょうか。

このように考えることは正しくありません。この先生は，**相関関係を因果関係と取り間違えている**のです。

南風原（2002）は，2つの変数間の関係を4つに分類しています。

ちょっと難しいかもしれませんが，読み進めてみてください。

①集団における相関関係（例：お腹がすいている人ほど，怒りっぽい。複数の対象者からなる集団の存在が前提となる）
②個人内の共変関係（例：お腹がすいてくると，怒りっぽくなる。個人レベルで，一方の変数の値の変化に伴い，もう一方の変数の値も変化することを意味する）
③処理―効果関係（例：食事を与えずに空腹にすると，怒りっぽくなる。何らかの処理・操作によりある変化が生じること。個人レベルで考えられるもの）
④因果関係（例：お腹がすいているから，怒りっぽいのだ。個人レベルで考えられるもの）

この中で，因果関係はそれを論じるのが一番難しいものです。仮に処理―効果関係が見られたとしても，実際にはその処理は原因ではなく，その処理と同時に導入した別の条件が原因かもしれません。

実験により，「食事を与えずに空腹にすると，怒りっぽくなる」という処理―効果関係が確認できたとしても，怒りっぽくなった原因はお腹がすいたことではなく，被験者に対する実験者の態度が悪かったことが原因かもしれないのです（南風原，2002）。

このことを踏まえて，南風原（2002）は「処理―効果関係を調べる実験研究ですら，因果関係の決定的な証拠にはならないのですから，単に集団における相関関係を調べただけの調査研究から因果関係を推論する際には，さらに慎重さが必要です」と述べています。

心理学論文（とくに卒論など）のタイトルでよくあるのが，「○○が△△に及ぼす影響」というものです。しかも，その論文の中身を

見ると，特定の集団への調査を1回実施しているだけというものが多いのです。集団への調査から確かにわかることは，その集団における相関関係です。しかし，「〜に及ぼす影響」というタイトルからは，単なる相関関係以上の，因果関係について検討しているかのような印象を受けます。上記のように，**因果関係について述べるのは非常に難しい**ことです。そのことをきちんと理解した上で，安易に論文のタイトルに「〜に及ぼす影響」といった言葉を使うことは慎重になるべきだと思います。

クリティカルシンキングを学ぼう

クリティカルシンキングを学ぶためには，まずは，苅谷（1996）がオススメです。この本は2章の課題発見力（問いの立て方）でも紹介しましたが，クリシンについて勉強する際にもとても役に立ちます。まずは，ここからスタートしてみてください。

「はじめに」では，本書の特徴として「複眼的なとらえ方」をあげました。これは複数の視点で物事を見てみる，ちょっと角度を変えて物事を眺めてみるということですが，こうした複眼的なとらえ方をトレーニングするのにぴったりな本を「おわりに」で紹介してあるので，そちらをご覧ください。

また，これは本ではありませんが，『バンテージ・ポイント（Vantage Point)』という映画があります。この映画は，アメリカ大統領暗殺事件を8人の異なる視点から描いたものです。ミステリーとしても非常に面白い映画なので，ぜひご覧になってください。

クリティカルシンキングの練習問題

これまでクリティカルシンキング（クリシン）についていろいろと紹介してきました。ここでちょっとクリシンについての練習問題をしてみましょう。これまでのクリシンについて学んだことを踏まえて，皆さん自身で考えてみてください（練習問題の解答例は210ページにあります）。

問1．p.25のコラム「1限は眠い，3限も眠い」に書かれた内容について，クリシンを行ってみてください。

問2．O大学教育学部では，学部3年生のときに4週間の附属小学校での教育実習（主免実習），学部4年生で1週間の公立小学校での教育実習（応用実習）があります。主免実習は学生全員が必修で参加するものですが，応用実習は希望者のみが参加します。応用実習への学生の参加を促すため，次のようなアナウンスがなされました。
「昨年度，応用実習に参加した学生の80％が教員採用試験に合格しています。応用実習に参加することは教員採用試験の合格へつながりますので，皆さん，応用実習に参加しましょう」
このアナウンスについてクリシンを行ってみてください。[7]

問3．よしことまゆみが会話をしています。
よしこ：「卒論指導を受けてきたよ」
まゆみ：「どうだった？」
よしこ：「山林先生，すっごい機嫌が悪かった。今日のゼミの報告についてもダメ出しばっかりだったし…。私，嫌われているんだよ，きっと」
このよしこの発言についてクリシンを行ってみてください。

問4． あるテレビ番組で次のようなアンケート結果が紹介されました。

「娘から嫌われていると思っている父親の割合」：75%

「父親を尊敬していると答えた娘の割合」：90%

アナウンサーはこの結果をもとに「お父さんたちが思っているほど，娘さんからは嫌われていない，それどころか尊敬されている」といいました。

このアンケート結果についてクリシンを行ってみてください。

―――――――――――――――――――

(7) なお，この問題は「応用実習に行かなくてもよい」というメッセージではありません。

7.5 統計的仮説検定の考え方

本章の冒頭で，まゆみは小学6年生の男女の攻撃性得点の平均値を比較するために，検定（統計的仮説検定）を実行していました。そして「検定の結果も，有意差が出たんだよ」とよしこに話していました。

それでは，統計的仮説検定とはいったいなんでしょうか。統計的仮説検定とは，統計的方法の中で代表的なもので，心理学や教育学，経済学といった社会科学ではもちろん，医学や工学などさまざまな学問分野で広く使われているものです。本節では，統計的仮説検定の考え方を紹介します。なお，本節の内容は本章の中でもとくに難しいものとなっています。なんとかがんばって読み通してみてほしいと思います。どうしても難しいと思った方は，「おわりに」で紹介している統計のテキストを読んでから，もう一度本節の内容を読

み返してみるとよいでしょう。

　まず，自分の持っているデータを母集団から得られた1つの標本（サンプル）だとみなします[(8)]。まゆみの卒論の例では，まゆみが調査して得られたデータ（図7-1，図7-3）がこれにあたります。手元の**標本の結果で見られた平均値の差が，たとえ母集団で全く差がない（平均値差＝0）としても標本変動によって起こりうる程度のもの**（たまたま偏った標本が抽出されたことによって得られる程度の差）**なのか，それとも，単なる標本変動では起こりえない（母集団で全く差がないのに標本変動によって生じうる差を超える）ものなのか，を確率的に判断しようとするのが統計的仮説検定**です。

　統計的仮説検定の手順を以下に述べてみます。

　①　「小学6年生男子と小学6年生女子の攻撃性得点について，本当の平均点には差がない」と仮定します。いいかえると，「小学6年生男子の攻撃性得点の母平均＝小学6年生女子の攻撃性得点の母平均」となります。ここで，母平均とは，手元のデータ（標本）の背後にある母集団における平均のことです。たとえば，日本全国の小学6年生男子を母集団としたとき，日本全国の小学6年生男子の攻撃性得点の平均値が母平均ということになります。ここで仮定したものを**「帰無仮説」**と呼びます。なお，帰無仮説は本来主張したいことと反対の内容になります（この例では，本来主張したいのは，「小学6年生男子の攻撃性得点の母平均」と「小学6年生女子の攻撃性得点の母平均」は等しくないということです）。**帰無仮説は間違っ**

（8）母集団と標本については，7.2節，7.3節を参照してください。

ている，だからこれを捨てる（捨てることを棄却するといいます）ということが期待されている仮説なのです。「無に帰するべき仮説」ということで帰無仮説という名前がついているのだと思ってください。

② 上の①の仮定（帰無仮説）が正しいときに，手元のデータのような結果になる確率（正確には手元のデータ以上の平均点差になる確率）を考えます。[9]

③ 上の②で求めた確率が5％未満だった場合，それは滅多に起こらない，珍しい結果だと考えます（5％という値は慣習的に用いられるもので，1％が使われることも多いです。この5％とか1％という値，珍しいことかどうかの基準となる確率のことを**有意水準**と呼びます）。

④ 手元のデータが，帰無仮説のもとでは5％未満の確率でしか生じないデータだとわかったとき，「珍しいことがたまたま起こった」と考えるよりは，「珍しいことがそんなに簡単に起こると思うのは都合がよすぎる」と考える方が合理的な判断といえます。そこで，こういう結果になったのは，最初の「小学6年生男子と小学6年生女子の攻撃性得点について，本当の平均点には差がない」（あるいは「小学6年生男子の攻撃性得点の母平均＝小学6年生女子の攻撃性得点の母平均」）という帰無仮説が間違っていたからだと判断するのです。

⑤ 帰無仮説が間違っていると判断するとき，これを捨てます

---

(9) この確率のことを有意確率とかp値といいます。

7章 データ分析力

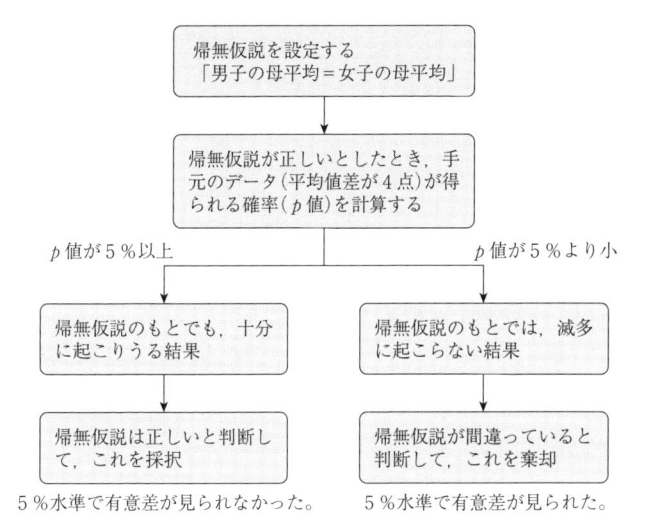

```
┌─────────────────────────┐
│ 帰無仮説を設定する       │
│「男子の母平均＝女子の母平均」│
└─────────────────────────┘
            ↓
┌─────────────────────────┐
│ 帰無仮説が正しいとしたとき，手│
│ 元のデータ(平均値差が4点)が得│
│ られる確率($p$値)を計算する  │
└─────────────────────────┘
   ↙ $p$値が5％以上    $p$値が5％より小 ↘
┌──────────────┐      ┌──────────────┐
│帰無仮説のもとでも，十分│      │帰無仮説のもとでは，滅多│
│に起こりうる結果      │      │に起こらない結果      │
└──────────────┘      └──────────────┘
        ↓                      ↓
┌──────────────┐      ┌──────────────┐
│帰無仮説は正しいと判断し│      │帰無仮説が間違っていると│
│て，これを採択         │      │判断して，これを棄却    │
└──────────────┘      └──────────────┘
  5％水準で有意差が見られなかった。  5％水準で有意差が見られた。
```

図7-6　統計的仮説検定の手順

（棄却します）。帰無仮説を棄却するような結果が得られたとき，「小学6年生の男子と女子で攻撃性得点の平均値には，統計的に有意な差があった」とか「5％水準で有意な差が見られた」と表現します[10]。まとめると，図7-6のようになります。

このように，統計的仮説検定とは，帰無仮説のもとでの，データの出現確率をもとに，データが仮説に整合的かどうかを判断するものです。データが帰無仮説と整合的でないという結果になったときに，それは最初に仮定した帰無仮説が間違っているのだと判断し，棄却します。帰無仮説を棄却することで，本来主張したいこと，よ

---

[10] 2つの平均値を比較するための検定としては，t検定と呼ばれる方法を利用することができます。

しこの卒論の例では「小学6年生男子の攻撃性得点の母平均と小学6年生女子の攻撃性得点の母平均は等しくない」という判断ができるというわけです。

有意差ばかりに気をとられてはいけない

　統計的仮説検定を用いていると，ついつい「有意かどうか」という点にのみ注目してしまいがちになります。

　冒頭のまゆみの卒論でもそうです。まゆみは統計的仮説検定の結果が有意であったことで喜んでいました。しかし，**「統計的に有意」な結果であっても，「実質的に意味がある」結果かどうかはわからないのです。**このことを説明していきましょう。

　攻撃性得点の「標準偏差」が男女とも10点だったとしましょう。**標準偏差とは，データの散らばりの指標です**。このデータでは，女子の平均が37点となっています。男女の平均値差は4点です。これは標準偏差の値の半分以下です。そのようなわずかな平均値の差を図7-1では過大評価してしまっていることになりますね。図7-7は，小学6年生男女の攻撃性得点の分布を示したものです。実線で描かれたグラフが男子の得点分布です（正規分布という確率分布をもとに作成しています。実際のデータから作成した得点分布ではなく仮想的な分布です）。分布の中央（あるいは，山のてっぺん）の得点が41点，これが男子の攻撃性得点の平均値です。攻撃性得点の標準偏差が10点となっていて，31点から51点の間に，小学6年生男子全体の2/3が含まれることになります。点線で描かれたグラフは女子の得点分布です。分布の中央，つまり，平均値が37点となっています。図7-7を見ると，得点分布のほとんどが重なっていることがわか

7章 データ分析力

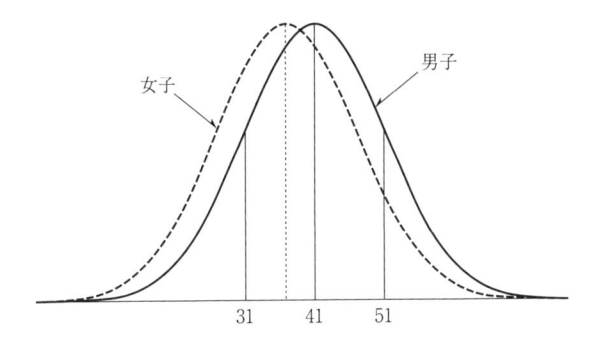

図7-7 小学6年生男女の攻撃性得点の分布

りますね。得点の標準偏差が10であるとき，男女の平均値差4点というのは，この図で示されるくらいの差であるということです。

検定が教えてくれるのは，帰無仮説が正しいとしたとき，つまり，「小学6年生男子の攻撃性得点の母平均＝小学6年生女子の攻撃性得点の母平均」という仮定の下で，手元のデータがどれくらい得られやすいものかということだけです。「有意な結果」＝「意味のある結果」とは限らないのです。「**有意**」ということばかりに気をとられてはいけないということを忘れないようにしてください。

さらに，得点の範囲が20点から80点ということは，男子も女子もちょうど真ん中の値である50点よりも平均が下回っていることになります。また，この攻撃性得点は，あらゆる対象に実施したときの平均値が50点（ちょうど真ん中の値と一致している）になるということがわかっているとしましょう。すると，**調査対象となった小学生の男女とも攻撃性は，平均値を下回っているので，じつは「どちらも攻撃性は高くない」**ということになります。つまり，高くない中での相対比較をして，「小学6年生では，男子の方が女子よりも攻

撃性が高い」と（無理に）言っていることになってしまうのです。この例の攻撃性得点のように，心理学で用いられる質問紙，および，そこから計算される得点は，その意味づけが曖昧になってしまうこともあるので，

①取り得る得点の範囲を確認する
②真ん中の値を確認する
③検定の結果，有意差があったとしても，絶対値での差を，得点の意味と照らし合わせて解釈する

といったことに気をつける必要があります。

7.6 卒論の前にやっておくべきこと（統計学を学ぶ）

本章で述べてきたように，リサーチリテラシーの前提には統計学の知識があります。しかし，統計学を学ぶのは言うほど簡単なことではありません。「おわりに」では，筆者らのおすすめの本を紹介しています。それらを統計学の勉強に役立ててみてください。そこでは，統計の教科書だけではなく，統計的思考をテーマとする本もリストアップしました。

そうした本を読むことで，統計学の知識が具体的にどのように活かされるかを知ることができます。それは本章のテーマである「データ分析力」さらには，本書を通してのテーマである「リサーチリテラシー」を習得するために役立つはずです。

コラム　データマイニング：これからのデータ分析(11)

　かつてはデータを集めることが重要で，コストのかかることと考えられていました。データ収集それ自体に価値があったわけです。ところが最近では，そうした事情が変わりつつあります。インターネットの普及や，POS システムによる顧客情報収集などにより，大量のデータを集めることが容易になりました。それどころかデータはあふれるほどで，その量は増え続けています。

　データ収集のコストが減り，大量のデータが簡単に集まるようになると，それらをどのように分析し，解釈するかの方に重きが置かれるようになってきます。そのときに効果を発揮するのがデータマイニングです。

　データマイニング（data mining）とは，さまざまな統計的方法を用いて大量のデータを分析し，それらのデータ同士の関連性を見つけ出すことを意味しています。マイニング（mining）とは「採掘」の意味です。企業などで収集された大量のデータを鉱山と見なし，そこから，金脈を採掘するという意味が込められています。

　身近な例としては，インターネット書店のアマゾン（www.amazon.co.jp）があります。アマゾンで商品を購入していると，「おすすめ商品」が表示されるようになります。また，ある商品を見ていると，「よく一緒に購入されている商品」や「この商品を買った人はこんな商品も買っています」といった情報も表示されます。これは大量の顧客の購入履歴データから，購入された商品同士の相関情報をもとに分析を行っているのです。これは「マーケットバスケット分析」と呼ばれる手法です。

　データマイニングで扱われる統計的方法は，相関分析，回帰分析，クラスター分析などで，それら自体は目新しいものではありません。大量・膨大なデータから意味のある関係性を掘り起こすところに，データマイニングの価値・意味があります。そうした意味のある関係性を見いだせるかどうか，金脈を見つけることができるかどうかは，

分析者のスキルに依存します。データマイニングそれ自体が万能な方法ではないのです。データマイニングを学ぶための本については,「おわりに」に記しました。そちらも併せてご覧ください。

---

(11) ここはちょっと難しいかもしれませんので,読み飛ばしてもらってもかまいません。

　12月中旬,よしことまゆみの卒論も佳境に入ってきたようです。
よしこ:「卒論の分析進んでいる?」
まゆみ:「最近の小学生はキレやすいのかを調べるために,小学生の攻撃性を質問紙で調査したの。前によしこにも見てもらったように,一度グラフを描いてみたんだけど(図7-1),『リサーチリテラシー入門』を読んで,統計の勉強をやり直したらいろいろ問題があることに気づいたんだ」
よしこ:「へえ,どんなふうに問題があったの?」
まゆみ:「まず,グラフの縦軸の範囲がよくなかったの。前の図(図7-1)だと,縦軸の範囲が絞り込まれすぎていて,実際の平均値差以上に大きな差があるようなグラフになってしまっていたんだ」
よしこ:「ふーん。それで?」
まゆみ:「なので,グラフを描き直してみた。それと平均だけでなく,標準偏差も見て得点の意味を再考してみたんだ(といいながら,図7-3を見せる)」
よしこ:「本当だ。こないだの図(図7-1)とだいぶ印象が違うね」
まゆみ:「うん,でももう一度考え直してみたおかげで,前に気

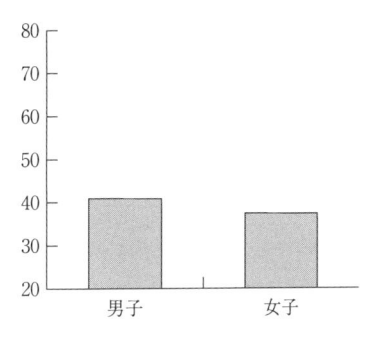

図7-3　小学6年生の攻撃性得点のグラフ
（縦軸の目盛りを変更）（再掲）

づかなかったことにたくさん気づけたよ。それにね，新しいこともわかったの。男子を共感性の高低で群分けしてみたら，こんなふうになったよ（と言って，図7-8を見せる）」

よしこ：「あ，今度は共感性の高い群と低い群とで20点ぐらい差があるのね。ずいぶんはっきりした差が出たんだね」

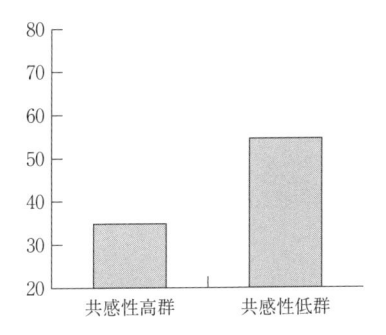

図7-8　小学6年生男子の攻撃性得点のグラフ
（共感性の高低で群分けを行った）

> まゆみ:「うん，2つの群で標準偏差の値は，男子全体のときよりももっと小さくなっていたから，これははっきりした差といってよいと思う。でも，これは男子の場合で，女子ではほとんど差が出なかったんだけどね」
> よしこ:「まゆみ！　かっこいいよ！　ほれてまうやろ〜」
> まゆみ:「えへへ，照れるなあ。データ分析は難しくてまだまだだけど，わかってくると楽しいよ」

　統計の勉強をやり直したおかげで，まゆみは一歩ステップアップしたようです。統計の勉強は簡単ではありませんが，時間をかけただけ身につくものです。読者のみなさんもそう思って，取り組んでみてほしいと思います。

本章のまとめ

リサーチリテラシーとしての統計

統計を使った嘘
  ①見せ方による嘘（例：グラフの見せ方による嘘）
  ②データ選択の嘘（例：自動車事故による死亡者数 VS 飛行機事故による死亡者数）
  ③データ収集の嘘（例：渋谷駅付近と地方農村部の高校生）

標本調査
  標本誤差（例：マスコミ各社の世論調査の結果のズレ）

クリティカルシンキング
  ①ステレオタイプ的思考の危険性
  ②クリティカルシンキングのコツ（決めつけない，擬似相関を見抜く，相関と因果の区別）

統計的仮説検定の考え方
  ①手元にあるデータの結果は，たまたまのものか
  ②データが仮説に整合的かどうかを確率的に判断

引用文献

南風原朝和（2002）．心理統計学の基礎―統合的理解のために　有斐閣アルマ

広田照幸（2005）．教育不信と教育依存の時代　紀伊國屋書店

ハフ，D.　高木秀玄（訳）（1968）．統計でウソをつく法―数式を使わない統計学入門　講談社ブルーバックス

飯田泰之（2007）．考える技術としての統計学―生活・ビジネス・投資に生かす　NHKブックス

苅谷剛彦（1996）．知的複眼思考法　講談社

ストレンジ，N.　酒井泰介（訳）（2008）．グラフで9割だまされる―情報リテラシーを鍛える84のプレゼン　ランダムハウス　講

談社

田村　秀（2006）．データの罠―世論はこうして作られる　集英社新書

谷岡一郎（2000）．「社会調査」のウソ―リサーチリテラシーのすすめ　文春新書

ゼックミスタ, E. B., ・ジョンソン, J. E.　宮元博章・道田泰司・谷口高士・菊池　聡（訳）（1996）．クリティカルシンキング　入門篇　北大路書房

ゼックミスタ, E. B., ・ジョン, J. E.　宮元博章・谷口高士・道田泰司・菊池　聡（訳）（1997）．クリティカルシンキング　実践篇―あなたの思考をガイドするプラス50の原則　北大路書房

クリシンの練習問題の解答例

問1

・授業評価アンケート結果や試験成績に差があったといっても，差はそれほど大きくなく，単なる誤差にすぎないかもしれない。

・1限と2限という開講時間帯が原因ではなく，たまたま2限に授業評価アンケートをよく評価し，試験成績もよい学生が集まっていただけかもしれない。

・1, 2限で同じ授業内容を扱っているので，2限では1限で一度講義した内容をもう一度授業することになる。そのことで，受講生が難しいと感じるところを把握することができたり，ポイントを強調して伝えられたりするなど1限の授業が2限のリハーサルのようになったために，2限の方が授業の質がよかったのかもしれない。

・2回目の授業になって，担当教員ののどの調子がよくなって，授業が2限の方が聞き取りやすかったのかもしれない。

・担当教員が低血圧のため，朝早い1限だと不機嫌で，授業の雰囲気もよくないのかもしれない。そのことについて，本人には自覚がないのかも。

・2限は大学に入学したての1年生ばかりなのに対して，1限は1年

7章　データ分析力

生から4年生まで学年が多様なのかもしれない（筆者注：実際には, 1,2限どちらも1年生向けの授業でした）。
・担当教員が「2限のクラスのほうが真面目で受講態度がよい」と思い込んでいるのかもしれない。そのことが担当教員の授業をする態度や, 授業中の学生への言葉に表れてしまっていて, それを受講生が敏感に感じ取っているのかもしれない。ピグマリオン効果の一種(12)かもしれない。

問2

・応用実習に参加しなかった学生の教員採用試験合格率が示されていないので, 80%という数値を評価できない。応用実習に参加しなかった学生の合格率は90%だったかもしれない。
・応用実習に参加しようと考える学生は, そもそも教員になるモチベーションが高く, 応用実習に参加したことが教員採用試験の合格の要因となったわけではなく, 教員採用試験に合格するような学生は, いろいろなことに興味を持ち積極的に取り組んでいる（だから, 応用実習にも参加する）という結果の表れなのかもしれない。

問3

・山林先生は, この日たまたま家庭で嫌なことがあって, 機嫌が悪かっただけかもしれない。
・機嫌が悪かったというのは, よしこの思い込みで, 山林先生はいつもどおりだったのかもしれない。よしこが被害的に感じてしまったのかも。
・よしこの卒論指導の前に, 山林先生に何らかのトラブルがあり, そちらに気が向いてしまっていたのかもしれない。よしこはそれを, 自分のせいで機嫌が悪くなっていると思ったのかも。

問 4

- お父さんには「嫌われていると思っているか」を尋ね，娘には「尊敬しているか」を尋ねていて，聞いていることが違うので直接比較できない。
- 調査対象がはっきりしていない。親子に聞いたわけではなさそう。父親がイメージする娘は思春期の娘なのに，アンケートに答えた女性はOLなど成人している人かも。
- 街角で「父親を尊敬していますか」と質問されて，「尊敬していません」と答えられるだろうか。社会的に望ましい回答をしてしまいがちかも。
- オフィス街などでインタビューをしていたとしたら。上司が父親としての意見を，部下が娘としての意見を回答していたらどうなるか。上司の目の前で「父親を尊敬していますか」と聞かれたら，多くの場合は，尊敬していると答えるのではないだろうか。

---

(12) ピグマリオン効果とは，別名，教師期待効果ともいいます。ローゼンサール (Rosenthal) という研究者が，新学期に「学習能力予測テスト」と称して知能検査を実施しました。ランダムに20%の児童を取り出して，担任教師に「検査の結果，この子どもたちは将来成績が向上する」と告げます。一定期間後に再び知能検査を実施したところ，1,2年生で実際に児童たちの成績が上昇しました。教師の思い込みが児童への対応の変化としてあらわれ，その結果，実際の児童にも変化が現れたということを，この実験は示唆しています。

8章　プレゼンテーション力

　1月末，よしことまゆみは無事卒論を書き上げました。後は，卒論発表会を残すのみです。

まゆみ：「いよいよ，明日は卒論発表会だね。スライドの準備できた？」

よしこ：「PowerPointって，ちゃんと使ったこと無いからわかんないよ。まゆみはどうなの？」

まゆみ：「私は……，よしこのを見せてもらってから作ろうと思っていたの」

よしこ：「うーん。頼りにならないわね。スライドは10枚くらいでいいよね？」

まゆみ：「え？　発表時間20分あるけど，それだけで大丈夫なの？」

よしこ：「まゆみは何枚くらいあればいいと思うの？」

まゆみ：「うーんと，20分の発表だから40枚位はいるんじゃない」

よしこ：「40枚！　そんなにいるの！　明日までにできないよ」

まゆみ：「やるしかないでしょう。卒業がかかっているんだから。今日は徹夜で頑張るよ！」

よしこ：「えーっ!?　あたし寝ないとダメなのに…。とほほ…」

　果たして，よしことまゆみは無事に卒論発表会を乗り切ることができるのでしょうか？

プレゼンテーションとは，大辞林によると，「広告代理店が新規獲得・更新に際し，広告依頼主に対して広告計画案を示すこと」とあります。このように，もともとは広告業界の言葉だったということですが，現在ではもっと幅広い分野や領域で使われています。本書では，プレゼンテーションとは，「**人前で，自分の調べたこと・考えたことなどを資料やポスター，プレゼンテーションソフトなどの視覚的な情報を活用しながら発表すること**」であるとしておきます。プレゼンテーションはプレゼンとも略されます。大学でも，学生がプレゼンテーションをする機会が増えていると思いますし，みなさんもプレゼンテーション，あるいは，プレゼンという言葉を聞いたことがあるでしょう。

　研究を行うことも，コミュニケーションの一種ととらえれば，自分の研究成果を広く公開していくこと，すなわち，プレゼンテーションを行うことはとても大切な意味を持ちます。

　本書で紹介してきた8つの力の最後が，プレゼンテーション力（プレゼン力）です。多くの人に，自分の考え・意見をわかりやすく伝えるためにはどのような点に気をつけたらよいのでしょうか。とくに本章は，「自分は人前で話すのが苦手だから」と思っている人に読んでもらいたいと思います。**プレゼン力は生まれ持った能力だけではなく，練習によって向上させることのできる技術**だと筆者らは考えています。この章では，どうしたら，プレゼン力をつけることができるか，そして，その力を高めることができるか，さまざまな角度から検討していきます。

8章 プレゼンテーション力

8.1 プレゼンは苦手……と思う前に

よしことまゆみのように，卒業論文を書き終えた後，先生方や同級生を前にプレゼンテーション（プレゼン）をする場が設定されることはよくあると思います。また，卒論発表会のような場でなくても，たとえば，ふだんの大学の授業でもプレゼンをする機会はあるでしょう。そうしたときに，「私は人前に立って話すのは苦手だから……」と控えめなことをいう人が結構います。しかし，プレゼンが上手くできるかどうかは，経験によるところが大きいのです。プレゼンが苦手といってプレゼンに挑戦しようとしない人は，自分から積極的にプレゼンに挑んでいく人に比べると，どんどんプレゼンの機会という経験値に差が開いてしまいます。**苦手でもとにかく，プレゼンをやってみることでプレゼン経験値を増やしていくことがまずは必要**です。

筆者らは大学で授業をしていますが，同じ内容の授業を2クラス担当する場合など，2回目の方がずっと上手く授業をすることができるということをよく経験します。もちろん何も考えずに同じ授業を繰り返しているようでは，変化は無いでしょうが。学生の顔を見ながら，学生の反応

プレゼン苦手

を見ながら授業をすることで、自分の授業のやり方についてあれこれ考えることで、特別な準備や努力をしなくても、授業の質を高めていくことができると思います。

　また、筆者らは、ある授業の一部を学生のプレゼンテーションにあてています。希望者に1人7分程度のプレゼンをやってもらうというものです。学生は自分でテーマを考え、文献を調べてA4で1枚のレジュメを作り、そのレジュメに基づいて発表を行います。自分からプレゼンをやりたいと希望してくるわけですから、プレゼンが得意だと思っていたり、AO入試などでプレゼンの経験があったりという学生が多いです。でも、中には「自分は人前で話すのは苦手だけど、自分を高めるチャンスなので挑戦してみたい」という学生もいます。そういう学生の発表は、確かに話し方が流ちょうではないかもしれません。緊張していて、原稿の棒読みのようなプレゼンになってしまうことも多いです。でも、一生懸命やっているのが伝わります。その一生懸命さは、プレゼンの技術が未熟であっても人を惹き付けるものがあります。誰も最初から上手にプレゼンができるわけではありません。**人前に勇気を出して立ってみて、大変な緊張の中、自分の言葉を発してみるという経験を積み重ねることで、プレゼンのスキルを高めていくことがきっとできるはずです。**

　繰り返しますが、プレゼンが上手いか下手かというのは、生得的なものだけではなく、**経験によって上達させることのできる技術・スキル**です。最初から「自分にはプレゼンは向いていない」と決めつけず、トレーニングをして、プレゼンのスキルを高める努力をしましょう。

8.2 聞き手を意識してプレゼンしよう

　プレゼンで一番大事なのは，そこに聞いてくれる人がいるということ，**聞き手を意識する**ことです。先ほども書いたように，プレゼンの経験が不足している未熟な発表であっても，思わずじっと聞いてしまうような惹き付けられるプレゼンがあります。それは，「相手に伝えよう」という思いがあるプレゼンである場合が多いです。「聞いてもらおう，一生懸命伝えよう」という思いは，自然と伝わるものです。先ほど紹介した筆者の授業について，学生のプレゼンを聞いた，別の学生のコメントにこんなものがありました。「発表者の中に『楽しかった』と言っている人がいた。きっと，誰かに伝えたいと，聞き手をとても意識していたから楽しいと感じたのだと思う」「一番大事なことは，相手に思いを伝えようとする気持ちがあることだと思う。緊張していても，その一生懸命な気持ちは伝わるし，伝えたい主張が自然と見えてくる」。これらのコメントからわかるように，プレゼンのときに聞き手を意識するということは非常に大切なことです。

　また，ちょっと話は変わりますが，**「聞く力」の大切さ**は，自分がプレゼンをやってみてはじめてわかるものです。自分が一生懸命伝えようとしているプレゼンを，真剣に聞いてくれる人がいるのは嬉しいものです。逆に，遅刻や携帯，私語などをプレゼンをする立場として見ると，はじめてその失礼さに気づくかもしれません（1章を読みなおしましょう）。

　とはいえ，「一生懸命やればそれでよい」「伝えたいという思いが

表8-1 プレゼンにおけるメタ認知的モニタリングとメタ認知的コントロール
（三宮, 2008をもとに作成）

	メタ認知的モニタリング	メタ認知的コントロール
プレゼンの前	「プレゼンがどれくらい難しいものか」を評価する。「どの程度達成できそうか」を予想する。	評価に基づき目標を設定する。 予想に基づき計画を立てる。
プレゼンの途中	「プレゼンは思っていたより難しい」といった評価を行う。「自分のプレゼンは上手くできているかどうか」のように進捗状況を確認する。「プレゼンが計画通りに進んでいない」のように,予想と実際のズレを感知する。	プレゼンの前に設定した目標の修正。 プレゼンの前に立てた計画の修正。
プレゼンの後	「プレゼンがどの程度達成できたか」を評価する。「最後の方,早口になったのは,時間配分がうまく行かなかったからだ」などと原因分析を行う。	次回に向けて目標を再設定する。 次回に向けて計画を立て直す。

あればそれでよい」で終わってしまっては、そこから先の進歩がありませんので、次の段階へと進んでいきましょう。

この本で繰り返し強調してきた「**メタ認知**」が、**プレゼンをするという場面においても有効に機能します**（メタ認知について、詳しくは０章を参照してください）。「プレゼンをする」ということを、メタ認知の観点から説明してみましょう[1]。すると、表8-1のようになります。

このようにして、メタ認知的モニタリングとメタ認知的コントロールを循環的に働かせながら、メタ認知を用いて自分のプレゼンをよりよいものにしていくことができるのです。

ここではメタ認知を例に挙げましたが、メタ認知を働かせることというのも、結局のところは、**聞き手をきちんと意識しながら**「自

---

(1) 三宮（2008）で紹介されている例を参考にしました。

分のプレゼンがきちんと伝わっているのだろうか？」「早口になっていたり，わかりにくい説明になっていたりしないだろうか？」と思いを巡らすことです。すなわち，聞き手の立場に立って考えるということです。「心の理論」を使って，聞き手の立場に立ち，聞き手を意識しなければ，メタ認知を働かせることはできません（0章参照）。

8.3 よいプレゼンとは

前述した「筆者のある授業」を再び取り上げてみます。その授業で，学生によるプレゼンを聞いて感じたことを受講生にレポートとして書いてもらいました。以下は，学生のレポートに書かれていた「学生が考えるよいプレゼン・よくないプレゼン」の特徴をまとめたものです。

○よいプレゼン

1）話し方
- 身振り，手振り，ジェスチャーを使ったり，黒板を使ったりと，表現方法を工夫して発表する
- 聞く側に作業させる時間をとることも，聞く側の関心や興味を引く
- 顔を上げて抑揚を付けて喋る
- 話し方についても，とりあえず大きい声が出ていればよいというわけではなく，強く言ったり小さい声で言ったりと強弱を付けることで聞き手を惹き付けられる
- ときどき聞き手の方を見て，語るように発表する

- 人を見て笑顔でプレゼンすること。強調する所は何回でも伝える
- 大きな声でゆっくり話すこと
- 「レジュメを見てください」という気配りや，「あなたは〜ではありませんか」といった語りかけなどが効果的
- 聴衆の顔や態度を気にしながら話す
- 〜ですよね，と聞き手に問いかける。間を開けて聞き手が考える時間を設ける
- 原稿を用意しても，それに頼りすぎず，アドリブを含んだものになると聞きやすい

2）話す内容
- 実体験を踏まえる。細かすぎず大ざっぱすぎず。具体例が欲しい
- 具体的な例を挙げることで，その事柄を身近に感じることができて理解しやすくなる
- 組み立てがしっかりしていて，伝えたいことが明確
- 導入の工夫
- 自分の意見をしっかり主張できていること

3）事前の準備
- 読んだ内容をどれだけ自分の中に取り込んで表現できるか
- その人なりに一生懸命取り組むこと，それが大事
- 事前の準備が大切。プレゼンの流れを考えて練習してきていること

×よくないプレゼン

1）話し方
- 原稿を棒読み
- メモからまったく顔を上げずに淡々と喋る
- 発表することに夢中で，聞く側の反応にまで目を向けられていなかった。もう少しまわりを見渡す余裕を持てば，テンポや声量やタイミングなどにも気を回すことができたかも
- 発表者の表情や声が暗いと，こっちもあんまり聞く気が起きなくなる

2）話す内容
・内容・考えがまとまっておらず，何を言いたいのか理解できないもの

　上記の結果も踏まえつつ，よいプレゼンとはどのような特徴を持っているかを考えてみましょう。

　まず，話し方についてです。原稿にじっと目を向けたままそれをひたすら読み続けるようなプレゼンは悪いプレゼンの典型例ということになりそうです。聞き手を見ながら，語りかけるように話すことが大切です。**アイコンタクトをとる**ということです。聞き手をしっかり見ることで，聞き手がどれくらい自分の話を理解してくれているかがわかります。あくびをしたり，うとうとしたりしている人が多いようだったら，話が退屈なのかもしれません。そんなときは，それまでよりも大きな声で「ここに注目してください」と言ってみるのもよいかもしれません。やはり，「聞き手を意識する」ことがポイントになります。ジェスチャーを使ったり，聞き手に問いかけてみたり，作業をさせてみたり，といったことも効果的です。こうしたことによって，「他の誰でもない，あなたに向かってプレゼンをしているんですよ」というメッセージになります。**聞き手に「自分に語りかけてくれている」と思わせることができれば，あなたのプレゼンを真剣に聞いてくれるようになるでしょう。**

　続いて，話す内容についてです。**「具体例をあげること」が重要**です。これは内容をわかりやすく伝えるための工夫といえるでしょう。

　また，**「つかみが大切」**ということで，**「導入を工夫すること」**によって，プレゼンに聞き手の興味を向けることができるようになります。プレゼン全体のストーリーをしっかり作っておいて，まとま

2通りのプレゼン

りのあるプレゼンにすることも大切です(このことと関連して,池上(2009)は,わかりやすく伝えるには,まず**「話の地図」を相手に示すことが大切**だと主張しています。詳しくは8.5節をご覧ください)。導入の工夫も,プレゼン全体の構成も,プレゼン全体のストーリーをしっかり計画することといえます。

プレゼン全体のストーリーの計画についてもう少し考えてみましょう。プレゼンの進め方については,以下のような2通りの代表的な方法があります。

・結論を先に,各論を後に。
・各論を先に,最後に結論を。

1つ目は,結論を先に言ってしまうというやり方です。結論を述べた後で,具体例や個別のエピソードを紹介していきます。結論を先に言うことで,「今回のプレゼンではこういうことを話しますよ」ということを明確に伝えることができます。また,後から具体例を話していくので,プレゼンの時間が変更になった場合でも柔軟

8章　プレゼンテーション力

に対応できます（紹介するエピソードの数を減らしたり，1つ1つのエピソードを紹介する時間を減らしたりなど）。

2つ目は，さまざまな事例やエピソードを紹介した後で，最後にまとめるというやり方です。「今回のプレゼンで伝えたかったのは，つまるところ，こういうことですよ」と最後に締めることで，プレゼンがきれいにまとまります。どちらのやり方がよいということは一概には言えません。自分に与えられたプレゼンの時間と，話すべき内容とを考慮しながら，よりよいプレゼンの計画を立ててください。

卒論発表会を例に取ると，卒論はそれまで1年といった長期間取り組んできたことですから，内容については十分に深めているはずです。むしろ，卒論のテーマについて勉強してきた自分では当たり前と思っていることが，はじめて聞く人には難しい内容だということが起こりえます。だからこそ，いっそう聞き手のことを意識して，わかりやすく伝えることが大切になります。

最後に，事前の準備についてです。**事前の準備をしっかりすることは何より大切**です。「準備をするなんて当たり前じゃないか」と思うかもしれませんが，みなさんが考えている以上に，もっともっと準備に時間をかけてくださいということです。プレゼンのためのスライドを作って終わり，ではなく，きちんとプレゼン全体のストーリーを計画して，それを文章にしてみましょう。そして，こういう順番でプレゼンを進めて行くというストーリーを覚えてしまうのです。さらに，**実際に発表の予行練習をやってみることも必要**です。プレゼンの本番では，自分が思っていたよりも発表時間が足りなかったり，反対に時間が余ってしまったりということが起こりま

す。**発表練習をしてみることで，話すのにどれくらいの時間がかかるのか見当をつけることができます。**スライド作りもよりわかりやすいものになるように工夫を凝らしましょう（8.4節も参照してください）。プレゼンに関連する参考文献をもう一度丁寧に読んでみることも，わかりやすいプレゼンの助けになるでしょう。

以上のように，「事前の準備」にはやるべきことがたくさんあります。そして，こうした事前の準備をどれだけしたかということが，よいプレゼンになるかどうかを決めるのです。準備をしっかりしていれば，自分なりに自信を持ってプレゼンに臨めるはずですよね。

8.4　プレゼンテーションソフトの利用

プレゼンテーションソフトというと，有名なのはマイクロソフト社のPowerPointです。アップル社のKeynoteやOpenOffice.orgのImpressといったソフトもあります。これらはいずれも，テンプレート（ひな形）が用意されていて，簡単にプレゼンテーションのための資料を作成することができます。さまざまなアニメーション効果を利用することもできるし，動画や音声を取り入れたり，ホームページへのリンクを張ったりすることもできます（パソコンがインターネットにつながっていれば，ホームページの画面を聞き手に見せることも簡単にできます）。

よくないスライド

最近は，プレゼンというと，こうしたプレゼンテーション用ソフトを利用することが一般的になってきていると思います（冒頭，よ

しことまゆみも PowerPoint で卒論発表会用のスライドを作成しようとしていましたね)。では，どのような点に注意してスライドを作成すればよいのでしょうか？

1つの例として，図 8-1 と図 8-2 を見てください。いずれも，よくないスライドの例です。**図 8-1 は情報量が多すぎます**。これでは広い教室でのプレゼンの場合，後ろの席の方の人には文字が読めないかもしれません。こうした文字ばかりのスライドを延々読み続けられるとしたら，そのようなプレゼンはちょっと聞きたくないと思ってしまいますよね。

一方，図 8-2 は反対に簡素すぎるスライドの例です。見出ししか書かれていません。こうしたタイプのスライドは，ビジネスの世界では効果的な場合もあります。スライドに載せる情報を限定することで，「一体どういうことを話すつもりなんだろう？」と聞き手に興味を持たせるという効果を狙うことができます。しかし，それはビジネスの世界での話であって，**卒論発表会のような学術的なプレゼンの場合は，「スライドを見れば中身がある程度は伝わるくらいの情報量」，さらに「論理的展開が見えること」**が必要になります。スライドに詰め込む情報量は多すぎてはいけないし（図 8-1），シンプルすぎてもダメです（図 8-2）。何事もバランスが大事ということです。

市川（2001）は，「画面のデザインのしかたや，どれくらいの情報を入れるかは，テレビのニュース番組がもっとも参考になる」と述べています。ニュース番組で使われるフリップ（説明用の図表のこと）に示される情報量が適量であるということです。さらに「ニュースと同じように，あくまでも口頭での説明と併用して使うもの

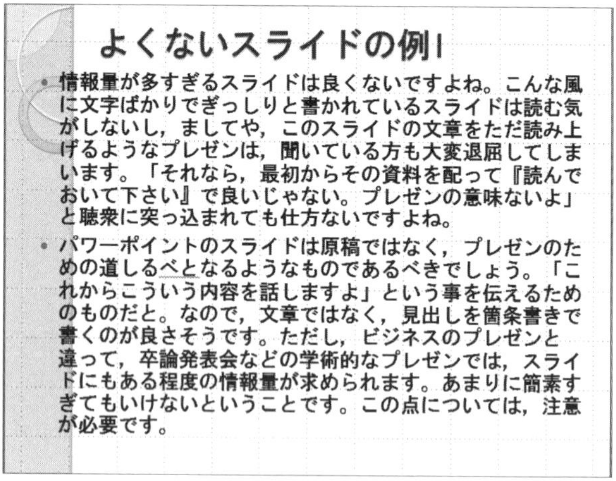

よくないスライドの例1

- 情報量が多すぎるスライドは良くないですよね。こんな風に文字ばかりでぎっしりと書かれているスライドは読む気がしないし，ましてや，このスライドの文章をただ読み上げるようなプレゼンは，聞いている方も大変退屈してしまいます。「それなら，最初からその資料を配って『読んでおいて下さい』で良いじゃない。プレゼンの意味ないよ」と聴衆に突っ込まれても仕方ないですよね。
- パワーポイントのスライドは原稿ではなく，プレゼンのための道しるべとなるようなものであるべきでしょう。「これからこういう内容を話しますよ」という事を伝えるためのものだと。なので，文章ではなく，見出しを箇条書きで書くのが良さそうです。ただし，ビジネスのプレゼンと違って，卒論発表会などの学術的なプレゼンでは，スライドにもある程度の情報量が求められます。あまりに簡素すぎてもいけないということです。この点については，注意が必要です。

図8-1　よくないスライドの例1

よくないスライドの例その2

- シンプル
- 過ぎるのも
- 考えものかも

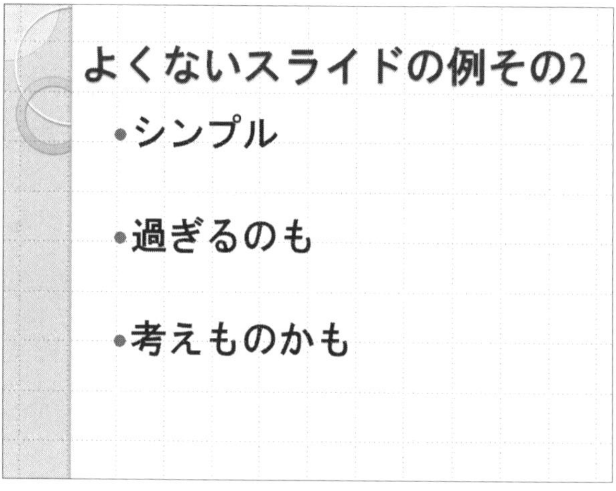

図8-2　よくないスライドの例2

であることを念頭においておこう。情報が多すぎて、聴衆が画面を理解することに気をとられてしまうと、説明が耳に入らなくなってしまう」と注意を促しています。また、スライドの枚数についても、「1分あたり1枚程度」という目安を示しています。このことを踏まえると、本章冒頭のよしことまゆみの会話で、よしこの考えた「20分の発表で10枚のスライド」は少なすぎること、まゆみの考えた「20分の発表で40枚のスライド」は多すぎることがわかりますね。

わかりやすいスライド

　PowerPointによるプレゼンに関して、わかりやすく伝えるためのスライドのデザインを紹介した本がいろいろと出ています。たとえば、宮野（2009）や永山（2009）などを参考にして下さい。わかりやすいスライドデザインについての詳しい解説はそれらに任せることにして、ここでは1つだけ、例を示してみることにします。

　図8-3と図8-4は、説明していることは同じです[2]。しかし、スライドを見たときの視覚的な印象、「わかりやすさ」がかなり違うのではないでしょうか。図8-3は文字ばかりで、しかも文章が専門的な表現となっていて難しいです。一方、図8-4は、内容は図8-3と同じです。しかし、図を用いることで、かなり直感的に理解しやすいものとなっていると言えるでしょう。

　わかりやすいスライドを作るためには、以下のようなポイントを挙げることができるでしょう。

---

[2] これらの図で説明されている「ピグマリオン効果」は興味深いものですので、212ページ脚注も参照してください。

図8-3　文字だけのスライド

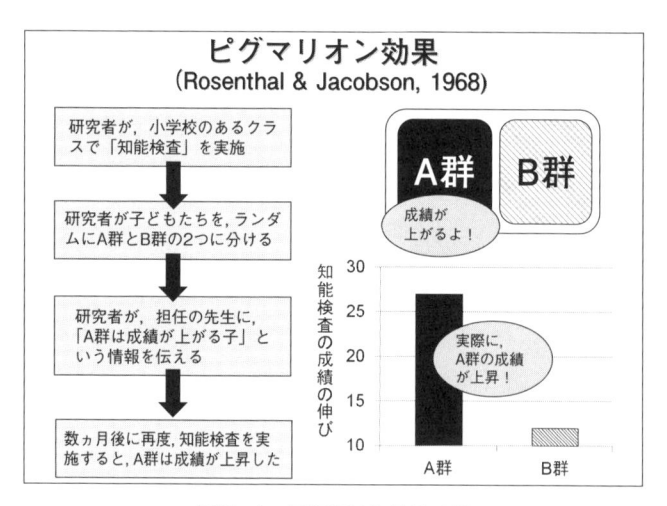

図8-4　図を用いたスライド

- 抽象的な概念をわかりやすい例で置き換える。
- 難しい言葉を用いず，平易な言葉を使うようにする。
- 言葉だけでなく図示することで視覚的に理解させる。

また，グラフの描き方に工夫をすることで，情報をわかりやすく伝えることができます。この本では詳しく取り上げませんが，上田（2005）などが参考になります。

8.5 プレゼンのコツ

池上彰氏は，もともとNHKの報道記者をしていた人ですが，現在はフリージャーナリストとして活躍しています。池上氏はたくさんの著書を書いていて，その中で「わかりやすく伝える方法」について書かれた著書（池上，2009, 2010など）が，プレゼンテーション力をつけるためにとても参考になります。

池上（2010）では「うまいプレゼンの3つのポイント」が紹介されています。それは以下の通りです。

- **予習をしているかどうか**：「これはどうしてだろう」と自分なりに素朴な疑問を持って調べていたら，質問に答えられるし，自分の言葉で返すことができる。
- **話をうまく一般論にして，いいキーワードを思いつけるかどうか**：話から展開して言えること。聞いたら意味がわかるくらいの親しみの持てる言葉をキーワードとして提示できるか。
- **焦点の合わせ方がうまいかどうか**：受け手にとって身近な話としてどう持って行くか。

これらはすでに本章で述べてきたことです。「**予習しているかどうか**」とは，事前の準備がしっかりとできているかどうかということです。「**話をうまく一般論にして，いいキーワードを思いつけるかどうか**」は「各論を先に，最後に結論を」というプレゼンのやり方につながるものです。「要するに〇〇ということです」と，うまく〇〇に当てはまるキーワードを見つけられたら，そのプレゼンはとても印象深いものになるでしょう。「**焦点の合わせ方がうまいかどうか**」は，プレゼンの聞き手に「あなたに向かって話しているんですよ」と当事者意識を持たせることにつながります。

　池上（2009）では，わかりやすく伝えるための具体的な方法がいくつも書かれています。いずれもとても参考になるものですので，詳細についてはみなさんが実際に本を手にとって読んでいただきたいと思います。ここではとくに2つだけ紹介します。

・まず「話の地図」を相手に示す。
・3の魔術を活用しよう。

　話の地図を相手に示すとは，「今からこういう話をしますよ」と相手に伝えることです。「ここから出発して，ここまで行く」という地図を渡し，「そのルートを今から説明します」という形を取ることでわかりやすい説明になると，池上（2009）は述べています。先が見えないと不安なものであるから，「地図」を聞き手に渡すことで，話の先を見通せるようにすることができるというわけです。

　3の魔術とは，「わかりやすい説明をするときにはポイントを3つに絞りなさい」という意味です（池上, 2010）。人はたいてい3つまでなら耳を傾けてくれるけど，それが4つになると注意が拡散し

てしまう。「大事なことは2つあります」だと物足りない気分を与えてしまう,「4つある」だと多い印象を与えてしまうということで, 3という数字は「過不足のない, きりのいい数字」となります。人は「大事なことは3つあります」と言われると落ち着くそうです。

「話の地図」を渡そう

プレゼンを計画するときも, 3つの単位を基本として考えていくとよいでしょう。発表時間15分のプレゼンだったら, 3つのテーマを5分ずつ話すということです。すべてを3つに分けて整理していくと, 聞き手にもわかりやすくなるし, 話もしやすくなるのです。もし, 話したいことが5つあったらどうすればいいでしょうか? 5つの中でどれがより重要か順番をつけてみるのもいいでしょう。あるいは, 5つのうち, どれとどれかをまとめてしまうことができるならそうするのも1つの方法です。最後の手段としては, 3つの話をした後で,「じつはさらにこんなこともあります」といって4つ目以降を付け加えるという方法もあります。

カウンセリングの考え方

カウンセリングの考え方も参考になります。カウンセラーは, クライエントの話を聞きますが, ある程度話を聞いた段階で, それまでの話の内容を整理してクライエントに確認するそうです。「あな

たの仰ったことは〜ということですよね？」とか「なるほど，〜ということなんですね」というふうに。こうすることで，クライエントは自分のそれまでの話を整理することができるし，「カウンセラーさんはちゃんと私の話を聞いてくれているんだ」と安心感，信頼感を持つことができるようになるわけです。

　こうしたカウンセリングの技法を，プレゼンに活用することもできるでしょう。プレゼンがある程度進んだ段階で，一旦立ち止まって，それまでの内容を整理するのです。「ここまでのお話をまとめると，〜となります」のように。このように話の内容を整理しながらプレゼンを進めることを意識すると，聞き手にとって優しいプレゼンになるのではないでしょうか。同様に，話し手がずっと話し続けるのではなく，ときどき小休止を挟むことで，聞き手にそれまでの話を振り返る時間を与えることができるし，質問を考えてもらうこともできるでしょう。このときに，同時に「何か質問はありませんか？　これまでの話で説明がわかりにくいところはありませんでしたか？」と聞いてみるのもよいでしょう。

講義のコツ

　永田（1996）は統計学のテキストですが，この本にはコラムがあり，その中で「講義のコツ」というテーマのコラムが書かれています。これがとても面白く，勉強になります。ぜひ，読者のみなさんにも読んでもらいたいのですが，その「講義のコツ」に書かれていることをいくつか紹介します。

　「いまテキストの何ページの内容を話しているのか」を頻繁に受

8章　プレゼンテーション力

講生に伝える：統計学の授業では，テキスト巻末の確率分布表を参照することが多いが，「265ページの t 分布表を開けて」と言っても，即座に反応するのは多くて8割。残りの学生は「面倒くさいから」「すぐに今やっているページに戻ってくるだろうから」「一瞬ボーッとしていたから」といった理由で反応しない。しかし，その表の説明が長引いてくると「やはりそのページを開けた方がよい」と感じてくる。でも，結局どこを開けてよいかわからず，その表の説明を理解せずに終わってしまう。確率分布表の見方が理解できないのは致命的でドロップアウトにつながるので，適当な間隔を開けて「265ページの t 分布表を開けていますか？」と繰り返す。そのときに「ああ，ここか」と265ページを開ける学生がいつも結構いる。今どこのページをやっているのかわからない受講生に「次のページを開けて」といってもムダ。具体的にページを言わないと受講生は迷子になる。

　講義に演習を取り入れるときに気をつけること：演習は，8割の受講生ができるまで待ちたいが，時間の関係上そうもいかない。そこで適当なときに切り上げて先へ話を進める。このとき，話が再開されてもまだ演習の続きをやっている人がいる。そこで「演習の続きをしないように。これから話すことは，先ほど話したことよりももっと重要ですよ」と（たとえそうでなくても）言うことにしている。話を再開しても演習の続きをしている受講生は必ずしも熱心なわけではなく，後で演習をしたくないと思っているのかもしれない。今やらないと気が済まない几帳面な性格なのかも。

　どちらもとてもユーモアにあふれていて，しかも，受講生への配

慮を感じるエピソードだと思いませんか？

　みなさんがプレゼンをするときを考えてみても,「今何を話しているのか」「どのあたりを話しているのか」を聞き手に明示することは,聞き手を迷子にさせないことにつながりますよね。あるいは,頭を下に向けて配付資料をずっと読んでいる人がいたら,「今から重要なことを話しますよ」と伝えることで,こちらに注目を向けることもできるでしょう。

　話は変わって,筆者らも講義をするときに気をつけていることがあります。それは,

・講義の最初に「今日はこんなことをやります」と,その日の講義のポイントを示すこと。
・講義の終わりに「今日の内容はこんなことでした」と,その日の講義のまとめを行うこと。

です。これは池上 (2009) の,「話の地図」を相手に示すことと同じような意味を持つと思っています。

　講義とプレゼンはまったく同じではないですが,共通する部分も多いと思います。授業を受けながら,大学の教員がどのように工夫して講義をしているかを考えることで,みなさん自身のプレゼン力を高めるヒントになるのではないでしょうか。

8.6　プレゼンのための勉強

　「プレゼンのための勉強」といっても,じつは特別なことを紹介するわけではありません。本書を通じて紹介してきたこと,全てが

何らかの形でプレゼンのための勉強につながるのです。人に伝わるプレゼン，わかりやすいプレゼンをしようと思ったら，結局は，普段からしっかりと勉強を積み重ねて，知識を増やし，自分の引き出しを増やしておくことが必要となります。当たり前のことですが，これは真実です。知識が増えて，自分の引き出しが増えれば，プレゼンの内容について，どういうところを聞き手が難しいと感じるか，どういう言い換えをしたらもっとわかりやすくなるか，といったことについて適切な選択ができるようになるはずです。

上記のようなことを踏まえると，本章の内容は，これまでの7つの章と別のことを取り上げているのではなく，つながっていて，延長上にあるものであるといえるでしょう。

また，よいプレゼンに数多く触れるのも，自分のプレゼン力を高めるための効果的な勉強法です。授業でプレゼンをする場合，自分の発表に一生懸命取り組むのはもちろんですが，他の人のプレゼンをじっくり観察してみましょう。そのとき，どういうプレゼンがよいと感じるか，上手だと思うプレゼンでまねできそうなところはないかと考えながら観察してください。

同じような見方で，大学の授業を聞いてみるのもとてもよいでしょう。話の面白い先生は，なぜ面白いのでしょうか？　授業にどのような工夫がなされているのかを観察して考えてみましょう。あるいは逆に，退屈な授業をする先生，眠くなってしまう授業をする先生は，どうしてそのような授業になってしまっているのでしょうか？　こちらについても観察し，考えてみましょう。こういう話し方だとダメなんだなという反面教師にするのです。

同級生や先生など，人のプレゼンを聞いて学ぶことはとても大切

コラム　プレゼンはペンを持ちながら

　プレゼンの後に，質疑応答の時間が設定されることがあります。とくに卒論発表会や修論発表会などでは，学生の発表後，教員から発表内容に関する質問がなされ，発表者は質問へ答えることが求められます。その場合，卒論発表会（あるいは修論発表会）は，口頭試問の場として位置づけられることになります。

　卒論発表会や修論発表会に限らず，聴衆からプレゼンに対しての質問やコメントがもらえることはよくあることでしょう。

　そのように，発表後に質問やコメントを受けているときに，手ぶらで突っ立っているようではダメです。せっかくの勉強の機会が台無しになってしまいます。プレゼンのときは，ノートとペンをもって前に立つようにしましょう。そして，質問やコメントを聞き流すのではなく，メモをとるべきです。大勢の人の前に立って発表をすると，それだけで緊張します。発表後は，多少はほっとするでしょうが，それでも普段に比べたら緊張状態は続いています。そのような状態で質問やコメントをもらっても，その内容を正しく理解できないことも起こりえます。そんなときに，質問やコメントをメモするようにすれば，頭を落ち着かせることができるし，メモをとりながら質問に対してどう答えればよいかを考えることもできるのです。

です。本書の1章の「聞く力」につながっていくことですよね。

　池上（2010）には，池上氏が「わかりやすい伝え方」をするために，普段からどのような勉強・努力をしているかが書かれています。みなさんにもこの本を読んでもらいたいと思います。池上氏のわかりやすい解説は，けっして天性のものではなく，池上氏自身の日々の努力の賜であることがわかるはずです。それは，プレゼンの力は生まれ持った能力だけではなく，練習によって向上させることので

8章 プレゼンテーション力

コラム　質問がたくさん出るプレゼン

　筆者の指導学生にICさんという大学院生がいました。あるとき，修士論文の中間発表会がありました。中間発表会では，教育心理学講座の先生方を前にして，30分程度のプレゼンを行います。プレゼンの内容はそれまで取り組んできた修士論文の内容と，今後の計画についてです。ICさんの発表が終わった後，先生方から矢継ぎ早に質問が出てきました。その質問は，内容の確認程度の簡単なものから，研究そのもののあり方を問うようなクリティカルで非常に厳しいものまでさまざまでした。中間発表会が終わった後のゼミで，筆者はICさんと話をしました。すると，ICさんは真っ青な顔をして「中間発表会は全然ダメでした。もっと頑張らないと……」と言ってきました。本人はたくさんの質問を全てダメだしのように受け取ったようです。でも，質問がたくさん出るということは，プレゼンの内容がきちんと聞いている先生方に伝わったからではないでしょうか。実際，ICさんのプレゼンは，彼女が修士論文で何をしたいのか，そのためにどういうことに今まで取り組んできたのか，今どういう経緯なのか，といったことが明確でわかりやすく発表されていました（その分，研究上で不十分なところ，検討が足りないところもわかりやすく伝わっていました）。発表がわかりやすかったからこそ，先生方から「だったら，この点はどうなっているのか，もうちょっと聞いてみよう」と質問が出たのだと思います。質問も意地悪なものではなく，よい修士論文になるようにするための建設的なものが多かったのです。自分の発表に対して，聴衆からたくさんの質問が出ることは，新たな気づきをもらえる機会になります。質問が出ることを恐れずにプレゼンにチャレンジしてみましょう。

きる技術であることを確認できる機会となるはずです。

そんなこんなで，卒論発表会の朝を迎えた2人は……。
よしこ：「ようやくPowerPointのスライドが完成したね！」
まゆみ：「本当！　私たちよく頑張ったよね！」
よしこ：「『リサーチリテラシー入門』を読んだおかげで，スライドは1分あたり1枚用意すればよいってわかって，本当によかったよ。40枚作ってたら間に合わなかったもん」
まゆみ：「えへへ。まあ，あれはご愛敬ってことで」
よしこ：「でも，スライドが完成しただけでは卒論発表会は終わったことにはならないよね」
まゆみ：「うん，これからが本番だもんね」
よしこ：「あ〜，もう，緊張するなあ……」
まゆみ：「そうだね。上手な発表ができるかどうかはわからないけど，聞いてくれる先生や友達のことを考えて，一生懸命やりたいね」
よしこ：「まゆみ！　よいこと言うわ〜。ほれてまうやろ〜。でも本当にそうだね。どうせ徹夜したんだし，これから発表練習を2人でやってみようか？」
まゆみ：「うん！　そうしよう！　やれるだけの準備をして発表会にのぞもうよ。がんばるぞー！」

　というわけで，2人は無事スライドを作り終え，最後のプレゼン練習に取りかかりました。え？　2人の発表会がうまくいったか？　それはみなさんの想像にお任せしましょう。

8章 プレゼンテーション力

本章のまとめ

プレゼンは苦手……と思う前に
　①一生懸命さは技術の未熟さを凌駕する
　②プレゼン力は経験によって上達させられる

聞き手を意識してプレゼンしよう
　①「聞いてもらおう，相手に伝えよう」という思いが大切
　②プレゼンではメタ認知を働かせることが有効

よいプレゼンとは
　①話し方：アイコンタクト，相手に語りかけるように
　②話す内容：具体例，導入で惹きつける
　③事前の準備：ストーリーを作る，予行練習をする

プレゼンテーションソフトの利用
　①よくないスライド：情報量が多すぎる，簡素すぎるのはNG
　②わかりやすいスライド：抽象的な概念をわかりやすい例で，平易な言葉を使う，図で視覚的な理解を

プレゼンのコツ
　①話の地図を相手に渡す，3の魔術を活用する
　②カウンセリングの技法を活用

プレゼンのための勉強
　①特別なことはない。本書の内容全てがプレゼンのための勉強となる
　②プレゼンに数多く触れよう，大学の講義もヒントになる
　③日々の努力が大事，練習によってプレゼン力を高めよう

引用文献

市川伸一（2001）．研究の展開—研究計画から発表・論文執筆まで　南風原朝和・市川伸一・下山晴彦（編）　心理学研究法入門—調査・実験から実践まで　東京大学出版会　pp.219-240.

池上　彰（2009）．わかりやすく〈伝える〉技術　講談社現代新書

池上　彰（2010）．〈わかりやすさ〉の勉強法　講談社現代新書

宮野公樹（2009）．学生・研究者のためのPowerPointスライドデザイン—伝わるプレゼン1つの原理と3つの技術　化学同人

永田　靖（1996）．統計的方法のしくみ—正しく理解するための30の急所　日科技連

永山嘉昭（2009）．説得できるプレゼンの鉄則　第2版—PowerPoint徹底活用編　日経BP社

三宮真智子（編著）（2008）．メタ認知—学習力を支える高次認知機能　北大路書房

上田尚一（2005）．統計グラフのウラ・オモテ—初歩から学ぶ，グラフの「読み書き」　講談社ブルーバックス

おわりに　ステップアップのために　読書ガイド

　本書の最後に，読書ガイドとして，著者らのオススメの本を紹介します。これらの本を読むことで，本書の内容を超えてさらにステップアップできるでしょう。あるいは，本書で触れることのできなかった内容を補うことができるはずです。

本書全体の参考になる本
藤田哲也（編著）（2006）．大学基礎講座［改増版］—充実した大学生活をおくるために　北大路書房
　⇨大学1年生（初年次）を対象に，大学での勉強のしかたが懇切丁寧に紹介されています。大学での勉強にとまどいを感じている人も，この本を読むことで，霧が晴れるように，高校までとは違った大学での学習の方法がわかるでしょう。
溝上慎一（2006）．大学生の学び・入門—大学での勉強は役に立つ！　有斐閣アルマ
　⇨「自分なりの見方や考え方をもつための勉強」を基本に，大学での学びのあり方や心構えに重点が置かれています。この本を読むことで，勉強へのモチベーションが高まり，大学生活が充実したものになるでしょう。
専修大学出版企画委員会（2009）．改訂版　知のツールボックス　専修大学出版局
　⇨大学1年生（初年次）を対象に，大学での勉強のしかたが簡潔に紹介されています。新書サイズで重要な内容がコンパクトにまとまっているので，時間がない人も大学での学習方法の要点をつかめます。

田中共子(編)(2010).よくわかる学びの技法 第2版 ミネルヴァ書房
 ⇨大学1年生を中心に,2〜3年生程度まで想定して,大学での学び方が広く紹介されています。大きなサイズの本で図表が豊富なため,大学での勉強のコツがつかみやすいです。
東郷雄二(2009).新版 文科系必修研究生活術 筑摩書房
 ⇨文科系の大学院生を対象に,研究者になる上での心構えから技術の取得,過ごし方などとても有益な本です。その内容は,卒論を書く学生にも役に立つと思います。ちょっと背伸びをして,よい卒論を書いてやろうと思っている方はぜひ読んでみてください。
黒木登志夫(2011).知的文章とプレゼンテーション 中公新書
 ⇨知的三原則《簡潔・明快・論理的》を柱に,説得力のある文章の書き方や人を惹きつけるプレゼンテーションの方法が説明されています。この本を読むことで,「他者に自分の考えを伝える」ための本質を知ることができるでしょう。

1章 聞く力
2章 課題発見力

天野明弘・太田 勲・野津隆志(編)(2008).スタディ・スキル入門—大学でしっかりと学ぶために 有斐閣ブックス
 ⇨大学生が学ぶ上で必要とされる基本的な学びの技術について解説された本です。幅広い内容が取り上げられていますが,「人の話を聞く」「講義の受け方,ノートやメモなど記録の取り方」といった本書1章の内容や,「なぜ研究をするのか」「テーマを選ぶ」といった本書2章の内容について,詳しく紹介されています。
橋本 剛(2008).大学生のためのソーシャルスキル サイエンス社
 ⇨大学生活の中で,対人関係を上手くこなしていくことについて解説された本です。この本の4章では,大学教員とのコミュニケーションの取り方が紹介されていて,本書の1章でも参考にさせてもらいました。
苅谷剛彦(1996).知的複眼思考法 講談社

⇨問いの立て方と展開のしかたを1つの章を使ってわかりやすく解説しています。クリティカルシンキングを身につけるためにももってこいのオススメの本です。

三井宏隆（2004）．レポート・卒論のテーマの決め方　慶應義塾大学出版会
　⇨テーマとは何か，そして，レポートのテーマの決め方・絞り方，卒論のテーマの決め方・まとめ方について簡潔に整理された本です。

外山滋比古（1986）．思考の整理学　ちくま文庫
　⇨「東大・京大で1番読まれた本」というオビで有名になった本ですが，「テーマ」を見つけるためのヒントがたくさん紹介されています。短編のエッセイが集められた本なので読みやすいです。

南風原朝和・下山晴彦・市川伸一（編）（2001）．心理学研究法入門─調査・実験から実践まで　東京大学出版会
　⇨心理学研究のさまざまな方法について解説された本です。この本の8章は「研究の展開─研究計画から発表・論文執筆まで」というタイトルで，テーマの決め方から研究の進め方までが紹介されています。心理学を対象としていますが，他の学問領域でも適用可能な記述になっています。また，プレゼンの方法についても取り上げられていて，本書8章と関連する内容も盛り込まれています。

3章　情報収集力
4章　情報整理力

野口悠紀雄（1993）．「超」整理法　中公新書
野口悠紀雄（2008）．超「超」整理法　講談社
　⇨『「超」整理法』は，整理の概念を一変させた本で，3章と4章を執筆する際にも参考にした本です。『超「超」整理法』は，コンピュータ時代に合わせて，ファイル等の整理を詳しく紹介しています。

5章　読む力（読解力）

東郷雄二（2008）．打たれ強くなるための読書術　ちくま新書
　⇨この本は，読書に対する意識を根底から変えてくれるものです。複

眼的な見方で本を読むことができるために，本の探し方から，段階を踏んだ読書，読んだ本の活用法などの技術が解説されていて，これまでとはひと味違う「大人」の読書が成立します。

ブラウン，M.・キーリー，S. 森平慶司（訳）（2004）．質問力を鍛えるクリティカル・シンキング練習帳　PHP研究所
⇨11の問い（クリティカル・クエスチョン）を繰り返し頭に思いうかべることで，クリティカルシンキングを身につける本です。具体的で丁寧に書かれているので，必ず得るところがある本です。本書の5章と6章を執筆する際にも参考にしました。

楠見　孝・子安増生・道田泰司・林　創・平山るみ（2010）．クリティカルシンキング―情報を吟味・理解する力を鍛える　ベネッセi-キャリア
⇨クリティカルシンキングを身につけるための教材です。身近な問題から学問的問題まで幅広い練習問題が用意され，その解説が充実しているため，自習形式で進められます。姉妹編として，『データベーストシンキング』と『ロジカルライティング』があります。
※大学生向けのテキスト（教材）です。個人向け販売・書店販売はされていません。詳細やお問い合わせ先は，Webに記されています。
https://www.benesse-i-career.co.jp/univ/service/#sv-criticalthinking

6章　書く力（執筆力）

野口悠紀雄（2002）．「超」文章法　中公新書
⇨文章の骨格の作り方や，比喩や具体例などの使い方など，読み手の心理を配慮した文章の書き方が，とてもうまくまとめられています。本書の6章と合わせて，この本を読み進めることで，文章を書く自信が生まれてくることでしょう。

白井利明・高橋一郎（2013）．よくわかる卒論の書き方［第2版］ミネルヴァ書房
⇨大学4年間の集大成として，長大な卒業論文を書くのに必要な知識と技術が体系的に解説されています。この本を読むことで，具体的な卒論のイメージが浮かんでくることでしょう。

都筑　学（2006）．心理学論文の書き方―おいしい論文のレシピ　有斐閣アルマ
⇨研究のアイデアを見つけることから論文執筆まで，著者のエピソードが豊富に盛り込まれており，卒業研究を進めるイメージが目に浮かぶ本です。心理学の分野で卒業論文を書く人のために出版された本ですが，その考え方は多くの分野で通用します。

泉　忠司（2009）．90分でコツがわかる！　論文＆レポートの書き方　青春出版社
⇨論文の構想から仕上げまで，重要点があますところなく網羅されています。論文やレポートを書く面白さや楽しさがつかめる本ですので，一読をお勧めします。

酒井聡樹（2007）．これからレポート・卒論を書く若者のために　共立出版
⇨学術的文章とは何かが懇切丁寧かつ具体的に記述されています。理系のレポート・卒論にもっとも適合した内容ですが，文系の学問にも大いに役立ちます。

安藤　進（2003）．翻訳に役立つ Google 活用テクニック　丸善
遠田和子（2009）．Google 英文ライティング―英語がどんどん書けるようになる本　講談社インターナショナル
⇨以上の2冊は，検索サイトを表現辞典として使い，文章力を向上させるものです。英語をネイティブのように表現できるようになるコツが書かれていますが，その考え方は日本語の文章の向上にも役立ちます。

7章　データ分析力

7章に関する本の紹介は多岐にわたるため，①データ分析力一般に関する本，②クリティカルシンキングの本，③統計を学ぶ人のための本，と分けて紹介します。

①データ分析力一般に関する本

エアーズ，I.　山形浩生（訳）（2007）．その数学が戦略を決める　文藝春秋

⇨データマイニングの具体的な事例を知りたい人は，この本を読んでみてください。現実のさまざまな場面でデータマイニングがどのように利用されているのかがよくわかる本です。読み物としてもとても面白いです。

ベスト，J. 林　大（訳）（2007）．統計という名のウソ―数字の正体，データのたくらみ　白揚社

⇨統計リテラシー（この本では，「日々の暮らしで出会うような統計を批判的に解釈する基本的技能」と定義されています）の教育について語られています。こちらも是非一読していただきたい本です。

岡嶋裕史（2006）　数式を使わないデータマイニング入門―隠れた法則を発見する　光文社新書

⇨データマイニングについてのわかりやすい入門書です。数式を使わずにデータマイニングのさまざまな方法について解説されています。

谷岡一郎（2000）．「社会調査」のウソ―リサーチリテラシーのすすめ　文春新書

谷岡一郎（2007）．データはウソをつく―科学的な社会調査の方法　ちくまプリマー新書

⇨本書のタイトルにある「リサーチリテラシー」という言葉はこれらの本で登場したものです。マスコミで行われている調査の多くが，いかにずさんで当てにならないものかを伝えてくれる本です。

豊田秀樹（2001）．金鉱を掘り当てる統計学―データマイニング入門　講談社ブルーバックス

⇨数式も利用されていますが，データマイニングに関する具体例が豊富でわかりやすく書かれています。この本に続いて，豊田（2008）を読みましょう。

豊田秀樹（編著）（2008）．データマイニング入門―Rで学ぶ最新データ解析　東京図書

⇨豊田（2001）で紹介された方法を統計ソフトRで実践できるようになります。Rは無料で利用できる統計ソフトであり，データマイニングの手法を自分で行うことができます。それにより，データマイ

ニングをぐっと身近に感じることができるでしょう。
②クリティカルシンキングの本
広田照幸・伊藤茂樹（2010）．教育問題はなぜまちがって語られるのか？
　―「わかったつもり」からの脱却　日本図書センター
　⇨この本は「教育問題」をテーマにしていますが，その本質は「教育問題を語る議論がいかにまちがいやゆがみを持ったものか」ということです。ステレオタイプ的なものの見方の危険性をわかりやすく伝えてくれる本です。
岩本茂樹（2010）．先生のホンネ―評価，生活・受験指導　光文社新書
　⇨実際にありそうな「教育現場の日常」の仮想場面を舞台に，先生と生徒それぞれの視点から同じエピソードを紹介しています。まさに複眼的な物語が語られています。思わず「そういうことあるよな」と思いながら読んでしまうような本です。
道田泰司・宮元博章・秋月りす（1999）．クリティカル進化（シンカー）論―『OL進化論』で学ぶ思考の技法　北大路書房
　⇨ちょっと毛色が変わっている本です。これはOL進化論という漫画とのコラボレーションで，楽しい漫画とともにクリシンを学ぶことができます。内容は本格派です。
吉田寿夫（2002a）．人についての思い込みⅠ　北大路書房
吉田寿夫（2002b）．人についての思い込みⅡ　北大路書房
　⇨この本は高校生向けに書かれた本ですが，大学生が読んでも十分面白く勉強になります。ステレオタイプ的思考の危険性と，そうした思考に陥らないためのクリシンの大切さをわかりやすく伝えてくれる本です。
ゼックミスタ，E. B.・ジョンソン，J. E.　宮元博章・道田泰司・谷口高士・菊池　聡（訳）（1996）．クリティカルシンキング　入門篇　北大路書房
ゼックミスタ，E. B.・ジョンソン，J. E.　宮元博章・谷口高士・道田泰司・菊池　聡（訳）（1997）．クリティカルシンキング　実践篇―あなたの思考をガイドするプラス50の原則　北大路書房

⇨道田・宮元・秋月（1999）の道田らによる翻訳本です．クリティカルシンキングについて詳しく学ぶことができます．

③統計を学ぶ人のための本

南風原朝和（2002）．心理統計学の基礎―統合的理解のために　有斐閣アルマ
⇨この本は，心理統計を学ぶための決定版といっても過言ではありません．また，心理学の大学院へ進学を希望している人にも自信を持って勧められる本です．

南風原朝和・平井洋子・杉澤武俊（2009）．心理統計学ワークブック　有斐閣
⇨南風原（2002）とともに，本書を演習書として併用すれば効果的です．これまであまりなかった，問題集的な位置づけの本です．

村井潤一郎・柏木惠子（2008）．ウォームアップ心理統計　東京大学出版会
⇨「まったく統計学についての知識がない，文系で数学がまったくダメ」という人が最初に読むべきテキストです．この本を読んだ後，山田・村井（2004）を読むと，心理統計に対する理解が向上するでしょう．

田栗正章・藤越康祝・柳井晴夫・ラオ，C. R.（2007）．やさしい統計入門―視聴率調査から多変量解析まで　講談社ブルーバックス
⇨具体例が豊富で，楽しみながら統計学を学ぶことができる，統計学の入門書です．

山田剛史・村井潤一郎（2004）．よくわかる心理統計　ミネルヴァ書房
⇨本書を読めば，卒業論文を書くのに必要な基本的な統計学の知識を身につけることができるはずです．

山田剛史・杉澤武俊・村井潤一郎（2008）．Rによるやさしい統計学　オーム社
⇨統計ソフトの使い方を学びながら，統計学の知識も身につけていきたいと思う人に勧めます．この本は，Rという統計ソフトを用いて統計学を学ぶための本です．因子分析，重回帰分析，共分散構造分析といった多変量解析についても取り上げています．これらは卒論

で使われることの多い統計的方法です。

吉田寿夫（1998）．本当にわかりやすいすごく大切なことが書いてあるごく初歩の統計の本　北大路書房
　⇨豊富な具体例が特徴の統計の教科書です。とくに「終章　統計に関する知識と日常の思考との関わり」は必読です。統計学の知識とクリシンが密接に関連していることがよくわかり，統計学を学ぶことの意義を実感できるはずです。

8章　プレゼンテーション力

池上　彰（2002）．相手に「伝わる」話し方　講談社現代新書
池上　彰（2007）．伝える力　PHPビジネス新書
池上　彰（2009）．わかりやすく〈伝える〉技術　講談社現代新書
池上　彰（2010）．〈わかりやすさ〉の勉強法　講談社現代新書
　⇨人にわかりやすく伝えるにはどうしたらよいか，について，非常に「わかりやすく」書かれた本です。池上氏自身の経験に基づくエピソードがたくさん書かれていて，すぐに実践できそうなプレゼンの方法や，普段からの勉強の仕方が豊富に紹介されています。

宮野公樹（2009）．学生・研究者のための使える！PowerPointスライドデザイン—伝わるプレゼン1つの原理と3つの技術　化学同人
　⇨「Before & After」形式で，ダメなスライドと修正後のわかりやすいスライドが対比されます。どのような点に気をつけてスライドを作成したらよいかがわかりやすく解説されています。

あとがき

　本書を書くことになったきっかけは，N先生[1]の一言でした。「山田君，修士1年の学生が気軽に読めるようなリサーチリテラシーの本を書きなさい」。

　あれは，もう今から3年くらい前になります（山田の拙書『Rによるやさしい統計学』が出たばかりのころでした）。正直なところ，山田はそのときまで『リサーチリテラシー』という言葉を聞いたことがありませんでした。N先生は，東京の私立大学で，図書館情報学，社会コミュニケーション学などを教授されていて，学部生，修士の院生の研究指導をされていました。とくに，他大学から進学してきた学生の中に，学部時代に卒論を書いた経験がないという人が増えてきたそうで，そうした院生に研究の作法を一から指導するのが大変だとおっしゃっていました[2]。そのような院生に勧めるには，初年次教育（学部1年生向けの教育）のテキストだとやさしすぎるし，さすがに院生に学部1年生向けの本を勧めるのは相手のプライドを考えるとやりにくい，という思いがあったそうです。

　そんな経緯で，N先生からリサーチリテラシーの本を執筆することを勧められ，その気になって書き始めることにしました。N先生

（1）　ばらしてしまいますが，N先生とは，元国立情報学研究所・東洋大学の内藤衛亮先生のことです。
（2）　3年も前の話なので，細かい部分が間違っているかもしれません。内藤先生，許してください！

251

は修士1年生向けの本をと言われましたが，自分の学生だったら，ゼミに入ったばかりの学部3年生が読んで為になるような本になればいいな，と思いました。これから研究を始めていこうとする，学部3年生・修士1年生を対象にした研究の仕方についての本を書こう！　そうして，本書のコンセプトが決まりました。

　ちょうどそんなときに，山田と林は知り合ったのです。林は発達心理学が専門ですが，大学教育の研究についても詳しく，さらには初年次教育の指導経験もあるという，本書の執筆にぴったりの人物でした。山田・林の2人による執筆体制となったことで，山田1人では到底書けなかった内容を盛り込むことができました。これを林の立場から振り返ると，ゼミや授業で使える類書とは一味違ったテキストがあればと思っていたところに，山田から誘いがあったことはラッキーだったということになります。本書の執筆は思ったよりも難航しましたが，2人で楽しく議論しながら書き進めることができました。

　本書を書き始めたころから，「学士力」「ジェネリックスキル」という言葉がよく使われるようになり始めました。本書が扱う内容がジェネリックスキルの考え方と似ていて，ちょうどよいタイミングで本を書くことができたのではないかと思います。

　ミネルヴァ書房の吉岡昌俊さんには，本書の執筆で，大変お世話になりました。根気よく原稿がそろうのを待ってくださり，そして，原稿にクリティカルなコメントをくださり，どうもありがとうございました。

　本書の随所に，かわいらしい素敵なイラストが描かれています。このイラストは，岡山大学教育学部で教育心理学を学んでいる間野

あとがき

未紗紀さんの手によるものです。間野さんのイラストのおかげで，本のイメージを柔らかいものにすることができました。

　本書を執筆する際には，つねに山田・林の指導学生をイメージしていました。自分の学生たちに読んでもらいたい内容を書こう！学生生活や就職後に充実した日々を送ってもらいたい！と思いながら書き進めました。目の前の学生たちにとって有益な本ができたら，きっと多くの人に喜んでもらえる本になるのではないかと信じて執筆してきました。本書が形になったのは，指導学生たちのおかげです。

　文京学院大学の村井潤一郎先生，岡山大学文学部の近藤祐磨さん，岡山大学教育学部の成田実加さんには，本書の原稿をすべて読んでいただき，大変有益なコメントをいただきました。御礼申し上げます。岡山大学大学院教育学研究科の授業でも，本書の草稿を大学院生に読んでいただきコメントをもらいました。当時の授業に参加してくれた，鎌田雅史さん，上田紋佳さん，ヌヌカイさん，高橋智子さんに感謝します。

　また，偶然なことに，山田・林はそれぞれ別ルートでベネッセコーポレーションの方々にお世話になりました。とくに，島田研児様，須永正巳様，伊藤素江様，そして，渡部洋先生には，本書を書くためのヒントをたくさん与えていただきました。どうもありがとうございました。林をベネッセコーポレーションとの共同研究にお誘いいただき，クリティカルシンキングのさまざまな知見や研究をご教示いただいた京都大学の楠見孝先生に厚く御礼申し上げます。また，楠見先生とともにこの共同研究でお世話になった京都大学の子安増生先生，琉球大学の道田泰司先生，大阪音楽大学の平山るみ

先生に感謝いたします。さらに，法政大学の藤田哲也先生，京都大学の大塚雄作先生と溝上慎一先生には，林が大学教育の研究に携わるきっかけを作っていただき，本書を執筆するさまざまなヒントをいただくことができました。ありがとうございました。

　山田も林も大学の教員としてはまだまだ駆け出しです。そんな未熟な2人が『勉強の仕方』についての本を書くというのは，大それたことといえるかもしれません。実際に「我々がこういう本を書いて本当によいのだろうか？」と悩んだこともあります。でも，現時点での我々が書けることを全力を出して誠実に書いてみることは意味があったのではないか，と今は思っています。N先生の考えていた本に，本書がどれほど近づけたかはわかりませんが，多くの方々に喜んでもらえる本になれば嬉しく思います。そして，「自分に研究なんてできるのだろうか？」と不安を抱いている人にとって，本書が少しでも助けになればよいなと思っています。

　　2011年5月

　　　　　　　　　　　　　　　　　　　　山田剛史・林　創

索　引

あ　行

アイコンタクト　221
曖昧な言葉　120, 143
アウトライン　160
アマゾン　85
AND 検索　75
芋づる式　84
因果関係　189, 194
引用　152
引用文献の並べ方　158
引用文献リスト　154
Webcat　86
NDL-OPAC　82
OR 検索　75
奥付　109
OPAC　86

か　行

カウンセリングの考え方　231
書き手の「意図」　124
学術雑誌　79
学術的文章　108
学士力　9
隠れた前提　118
画像検索　77
学会誌　80
キーワード　116
擬似相関　189, 192
帰無仮説　199
紀要　80
議論の評価　121
禁則処理　148

Google Scholar　84
Google デスクトップ　98
クラウド・コンピューティング　98, 100
グラフの使い分け　151
クリティカルクエスチョン　111
クリティカルシンキング　1
クリティカルチェック　139
傾聴　19
結論　110
権威の利用　123
コーネル式ノート作成法　26
心の理論　1
言葉のすりかえ　122
コントロール　2

さ　行

CiNii　82
3 の魔術　230
サンプル　183
ジェネリックスキル　9
時間順原則　94
事実と意見の区別　121
事実の切り取り　122
下書き　161
質問の仕方　29
指標　124
指標語　113
少数事例の過度の一般化　191
情報管理　95
情報量　225
自立的な学び　44
推敲　162

ステレオタイプ　187
図表の作成　150
先行研究　49
相関　192
相関関係　189, 194

た 行

大学教員とのコミュニケーション　28
第3の変数　192
追試　52
定義　116
データ収集の嘘　183
データ選択の嘘　180
データ分析　176
データマイニング　205
テーマを深める　49
問いの立て方　51
統計的仮説検定　199
図書館　85

な 行

ネチケット　35
ノートの取り方　22
NOT 検索　75

は 行

バックアップ　101
話の地図　222
パラグラフ　163
ピグマリオン効果　212
批判的思考　5
表記のユレ　76
表現辞典　167
標準偏差　202

剽窃（ひょうせつ）　152
標本　183
標本誤差　184, 185
標本調査（サンプル調査）　183
標本変動　199
フレーズ検索　76
プレゼンテーション　214
文献管理　103
文献収集　78
ポケット1つ原則　92
母集団　183
ポップアウト　17

ま 行

マジック・ワード　116
見せ方による嘘　178
メール　32
メタ認知　1
メタ認知的活動　2
メタ認知的知識　2
モニタリング　2
問題　110

や 行

有意差　202
有意水準　200

ら・わ 行

リサーチリテラシー　1
理由　110
レビュー論文　81
論文の構成　51
歪曲された証拠　122

《著者紹介》

山田　剛史（やまだ・つよし）
東京大学大学院教育学研究科博士課程単位取得退学
現　在　岡山大学大学院教育学研究科教授
主　著　『よくわかる心理統計』（共著）ミネルヴァ書房，2004年
　　　　『Rによるやさしい統計学』（共著）オーム社，2008年
　　　　『発達科学入門』（分担執筆）東京大学出版会，2011年

林　　創（はやし・はじむ）
京都大学大学院教育学研究科博士課程修了　博士（教育学）
現　在　神戸大学大学院人間発達環境学研究科准教授
主　著　『絶対役立つ教育心理学──実践の理論，理論を実践』（分担執筆）ミネルヴァ書房，2007年
　　　　『再帰的事象の認識とその発達に関する心理学的研究』（単著）風間書房，2008年
　　　　『発達と教育──心理学を生かした指導・援助のポイント』（共著）樹村房，2011年

　　　　　　　大学生のためのリサーチリテラシー入門
　　　　　　　　──研究のための8つの力──

| 2011年8月10日　初　版第1刷発行 | 〈検印省略〉 |
| 2019年6月20日　初　版第14刷発行 | |

定価はカバーに表示しています

著　者　　山　田　剛　史
　　　　　林　　　　　創

発行者　　杉　田　啓　三

印刷者　　中　村　勝　弘

発行所　株式会社　ミネルヴァ書房
〒607-8494　京都市山科区日ノ岡堤谷町1
　　　　　　電話代表　(075) 581-5191
　　　　　　振替口座　01020-0-8076

©山田・林，2011　　　　中村印刷・藤沢製本

ISBN 978-4-623-06045-0

Printed in Japan

よくわかる学びの技法 第3版
――――――――――――――― 田中共子 編
B5判 180頁 本体2200円

新入生向けに「読む・聞く・書く・レポートする」の学ぶ技法を，パソコンを使った実践も含めてわかりやすく解説する。学生はもちろん，教育者，社会人にも役立つ書。

よくわかる卒論の書き方 第2版
――――――――――――――― 白井利明・高橋一郎 著
B5判 224頁 本体2500円

卒論を書き進めていく上で必要な研究・執筆に関する知識や方法を，体系的かつ具体的に解説する。巻末に文例も収録した充実の一冊。

よくわかる心理統計
――――――――――――――― 山田剛史・村井潤一郎 著
B5判 252頁 本体2800円

心理統計において特に重要な概念や検定法の計算過程が，平易かつ丁寧に説明されており，まったくの初心者でも心理統計を本質的に理解し，活用できる。

絶対役立つ教育心理学──実践の理論、理論を実践
――――――――――――――― 藤田哲也 編著
A5判 234頁 本体2800円

教育心理学の基本的な理論や知見を現場の実践でどのように活用できるのかを，徹底的にわかりやすく解説するテキスト。

社会科学系のための英語研究論文の書き方
 ──執筆から発表・投稿までの基礎知識
――――――――――――――― 石井クンツ昌子 著
A5判 356頁 本体3200円

英語研究論文執筆の重要性の提示，英語論文の構成と執筆の仕方，国際会議での発表，英語圏学会誌への投稿の方法など，例題を多く提示しながらわかりやすく説明する。

――――――― ミネルヴァ書房 ―――――――

http://www.minervashobo.co.jp/